Seis Estudos de Psicologia

O GEN | Grupo Editorial Nacional – maior plataforma editorial brasileira no segmento científico, técnico e profissional – publica conteúdos nas áreas de ciências humanas, exatas, jurídicas, da saúde e sociais aplicadas, além de prover serviços direcionados à educação continuada e à preparação para concursos.

As editoras que integram o GEN, das mais respeitadas no mercado editorial, construíram catálogos inigualáveis, com obras decisivas para a formação acadêmica e o aperfeiçoamento de várias gerações de profissionais e estudantes, tendo se tornado sinônimo de qualidade e seriedade.

A missão do GEN e dos núcleos de conteúdo que o compõem é prover a melhor informação científica e distribuí-la de maneira flexível e conveniente, a preços justos, gerando benefícios e servindo a autores, docentes, livreiros, funcionários, colaboradores e acionistas.

Nosso comportamento ético incondicional e nossa responsabilidade social e ambiental são reforçados pela natureza educacional de nossa atividade e dão sustentabilidade ao crescimento contínuo e à rentabilidade do grupo.

JEAN PIAGET
Seis Estudos de Psicologia

25ª edição revista

- O autor deste livro e a editora empenharam seus melhores esforços para assegurar que as informações e os procedimentos apresentados no texto estejam em acordo com os padrões aceitos à época da publicação, *e todos os dados foram atualizados pelo autor até a data de fechamento do livro*. Entretanto, tendo em conta a evolução das ciências, as atualizações legislativas, as mudanças regulamentares governamentais e o constante fluxo de novas informações sobre os temas que constam do livro, recomendamos enfaticamente que os leitores consultem sempre outras fontes fidedignas, de modo a se certificarem de que as informações contidas no texto estão corretas e de que não houve alterações nas recomendações ou na legislação regulamentadora.

- O autor e a editora se empenharam para citar adequadamente e dar o devido crédito a todos os detentores de direitos autorais de qualquer material utilizado neste livro, dispondo-se a possíveis acertos posteriores caso, inadvertida e involuntariamente, a identificação de algum deles tenha sido omitida.

- **Atendimento ao cliente: (11) 5080-0751 | faleconosco@grupogen.com.br**

- Traduzido de:
  Six Études de Psychologie
  Copyright © 1964, by Éditions Gonthier S.A. Genève
  All rights reserved.
  Seis Estudos de Psicologia
  ISBN 978-85-218-0467-3

- Direitos exclusivos para a língua portuguesa
  Copyright © 2012, 2021 (8ª impressão) by
  Forense Universitária, um selo da Editora Forense Ltda.
  Uma editora integrante do GEN | Grupo Editorial Nacional
  Travessa do Ouvidor, 11
  Rio de Janeiro – RJ – 20040-040
  www.grupogen.com.br

  Reservados todos os direitos. É proibida a duplicação ou reprodução deste volume, no todo ou em parte, em quaisquer formas ou por quaisquer meios (eletrônico, mecânico, gravação, fotocópia, distribuição pela Internet ou outros), sem permissão, por escrito, da Editora Forense Ltda.

- Tradução de *Maria Alice Magalhães D'Amorim* e *Paulo Sérgio Lima Silva*
- Ficha catalográfica

- CIP – Brasil. Catalogação-na-fonte.
  Sindicato Nacional dos Editores de Livros, RJ.

P642s   Piaget, Jean, 1896-1980
25.ed.   Seis estudos de psicologia / Jean Piaget; tradução Maria Alice Magalhães D'Amorim e Paulo Sérgio Lima Silva - 25.ed. - [Reimpr.]. - Rio de Janeiro: Forense Universitária, 2021.

         Tradução de: Six études de psychologie
         Contém dados bibliográficos
         Inclui bibliografia
         ISBN 978-85-218-0467-3

         1. Psicologia infantil. 2. Cognição nas crianças. I. Título.

99-1265.   CDD 155.4
                                                  CDU 159.922.7

SUMÁRIO

Biografia do Autor	VII
Prefácio	IX

PRIMEIRA PARTE

1 – O Desenvolvimento Mental da Criança	3
I. O recém-nascido e o lactente	8
II. A primeira infância: de dois a sete anos	15
III. A infância de sete a doze anos	34
IV. A adolescência	54

SEGUNDA PARTE

2 – O Pensamento da Criança	67
I. A criança e o adulto	67
II. As estruturas cognitivas	71
III. Psicologia e epistemologia genética	73
3 – A Linguagem e o Pensamento do Ponto de Vista Genético	76
I. O pensamento e a função simbólica	76
II. A linguagem e as operações "concretas" da lógica	79
III. A linguagem e a lógica das proposições	82
4 – O Papel da Noção de Equilíbrio na Explicação Psicológica	86
I. O que a noção de equilíbrio explica	87
II. Os modelos de equilíbrio	93
III. Conclusão	98

5 – Problemas de Psicologia Genética 100
   I. Inatismo e aquisição 101
   II. O problema da necessidade própria às estruturas lógicas 104
   III. O desenvolvimento das percepções 114

6 – Gênese e Estrutura na Psicologia da Inteligência . . . 126
   I. Histórico 127
   II. Toda gênese parte de uma estrutura e chega a uma estrutura 129
   III. Toda estrutura tem uma gênese 132
   IV. O Equilíbrio 132
   V. Exemplo de estrutura lógico-matemática 134
   VI. Estudo de um caso particular 136

Referências 140

Bibliografia 141

BIOGRAFIA DO AUTOR

Jean Piaget nasceu em Neuchâtel (Suíça) em 1896.

Desde os 16 anos, empreende com sucesso certo número de estudos sobre Zoologia, mostrando assim rara precocidade científica.

Aos 21 anos, obtém o título de licenciado em Ciências Naturais e, no ano seguinte, o de doutor em Ciências com tese dedicada à divisão dos moluscos nos Alpes valesianos.

Mas, logo o zoologista deveria ceder seu lugar ao psicólogo e epistemologista de renome mundial.

Sucessivamente, é chefe de trabalhos no Instituto Rousseau e livre-docente na Faculdade de Ciências, da Universidade de Genebra, professor de Psicologia e Filosofia das Ciências na Universidade de Neuchâtel, de Psicologia Genética na Universidade de Lausanne, de Sociologia e Psicologia Experimental na Universidade de Genebra, sendo finalmente nomeado professor titular de Psicologia Genética da Sorbonne, em 1952.

Atualmente, codiretor do Instituto das Ciências da Educação em Genebra, ao mesmo tempo que professor de Psicologia Experimental na Faculdade de Ciências, Jean Piaget é um inovador. Dedicou suas pesquisas, de uma originalidade e rigor excepcionais, à descoberta sistemática da evolução mental da criança, assim como aos problemas epistemológicos.

Sua numerosa obra, traduzida em várias línguas, pode-se dizer, já é clássica na literatura psicológica.

É o fundador, em Genebra, do Centro de Epistemologia Genética, que reúne pesquisadores de todos os países da Europa e do Mundo.

PREFÁCIO

As pesquisas psicológicas de Jean Piaget gozam de renome mundial. Iniciadas há cerca de quarenta anos, não visam apenas conhecer melhor a criança e aperfeiçoar os métodos pedagógicos ou educativos, mas, antes, compreender o homem.

A ideia mestra de Piaget consiste, em efeito, no fato de permanecer indispensável compreender a formação dos mecanismos mentais na criança para todas aquelas que desejarem entender sua natureza e seu funcionamento no adulto. Quer se trate, no plano da inteligência, das operações lógicas, das noções de número, de espaço ou de tempo, ou, no plano da percepção, das constantes perceptivas, das ilusões geométricas, a única interpretação psicológica que possa ser dada é a genética, que se relaciona com a análise de seu desenvolvimento.

No limite, embora esforçando-se por permanecer no terreno da ciência positiva e experimental, o que tenta a psicologia de Piaget é, na verdade, uma epistemologia.

A soma de experiências acumuladas pelo sábio e seus colaboradores, no entanto, bem como sua descrição e sua interpretação nas inúmeras obras especializadas são, em primeiro lugar, difíceis. Sua complexidade, sua tecnicidade, a importância dos seus diversos desenvolvimentos, os conhecimentos de ordem matemática, biológica, física que supõem, tornam-nas, quase sempre, pouco acessíveis ao grande público.

Esta foi a razão por que julgamos útil reunir os diversos artigos e conferências que constituem o presente volume. Em uma primeira parte, apresentam o essencial das descobertas de Piaget no domínio da psicologia da criança. Em uma segunda parte, relacionam-se com certos problemas centrais – como os do pensamento, os da linguagem, os da afetividade – segundo uma dupla perspectiva genética e estruturalista.

Na forma em que os publicamos, estes **Seis Estudos de Psicologia** traçam uma síntese precisa da obra de Piaget, da qual são a melhor e a mais rigorosa das introduções.

O EDITOR

PRIMEIRA PARTE

1
O DESENVOLVIMENTO MENTAL DA CRIANÇA

O desenvolvimento psíquico, que começa quando nascemos e termina na idade adulta, é comparável ao crescimento orgânico: como este, orienta-se, essencialmente, para o equilíbrio. Da mesma maneira que um corpo está em evolução até atingir um nível relativamente estável – caracterizado pela conclusão do crescimento e pela maturidade dos órgãos –, também a vida mental pode ser concebida como evoluindo na direção de uma forma de equilíbrio final, representada pelo espírito adulto. O desenvolvimento, portanto, é uma equilibração progressiva, uma passagem contínua de um estado de menor equilíbrio para um estado de equilíbrio superior. Assim, do ponto de vista da inteligência, é fácil se opor a instabilidade e incoerência relativas das ideias infantis à sistematização de raciocínio do adulto. No campo da vida afetiva, notou-se, muitas vezes, quanto o equilíbrio dos sentimentos aumenta com a idade. E, finalmente, também as relações sociais obedecem à mesma lei de estabilização gradual.

No entanto, respeitando o dinamismo inerente à realidade espiritual, deve ser ressaltada uma diferença essencial entre a vida do corpo e a do espírito. A forma final de equilíbrio atingida pelo crescimento orgânico é mais estática que aquela para a qual tende o desenvolvimento da mente, e sobretudo mais instável, de tal modo que, concluída a evolução ascendente, começa, logo em seguida, automaticamente uma evolução regressiva que conduz à velhice.

Certas funções psíquicas que dependem, intimamente, do estado dos órgãos, seguem uma curva análoga. A acuidade visual, por exemplo, atinge um máximo no fim da infância, diminuindo em seguida; muitas comparações perceptivas são também regidas por esta mesma lei. Ao contrário, as funções superiores da inteligência e da afetividade tendem a um "equilíbrio móvel", isto é, quanto mais estáveis, mais haverá mobilidade, pois, nas almas sadias, o fim do crescimento não determina de modo algum o começo da decadência, mas, sim, autoriza um progresso espiritual que nada possui de contraditório com o equilíbrio interior.

É, portanto, em termos de equilíbrio que vamos descrever a evolução da criança e do adolescente. Deste ponto de vista, o desenvolvimento mental é uma construção contínua, comparável à edificação de um grande prédio que, à medida que se acrescenta algo, ficará mais sólido, ou à montagem de um mecanismo delicado, cujas fases gradativas de ajustamento conduziriam a uma flexibilidade e uma mobilidade das peças tanto maiores quanto mais estável se tornasse o equilíbrio. Mas, é preciso introduzir uma importante diferença entre dois aspectos complementares deste processo de equilibração. Devem-se opor, desde logo, a estruturas variáveis – definindo as formas ou estados sucessivos de equilíbrio – a um certo funcionamento constante que assegura a passagem de qualquer estado para o nível seguinte.

Comparando-se a criança ao adulto, ora se é surpreendido pela identidade de reações – fala-se então de uma "pequena personalidade" para designar a criança que sabe bem o que quer e age, como nós, em função de um interesse definido – ora se descobre um mundo de diferenças – nas brincadeiras, por exemplo, ou no modo de raciocinar, dizendo-se então que "a criança não é um pequeno adulto". As duas impressões são verdadeiras. Do ponto de vista funcional, isto é, considerando as motivações gerais da conduta e do pensamento, existem funções constantes e comuns a todas as idades. Em todos os níveis, a ação supõe sempre um interesse que a desencadeia, podendo-se tratar de uma necessidade fisiológica, afetiva ou intelectual (a necessidade apresenta-se neste último caso sob a forma de uma pergunta ou de um problema). Em todos os níveis, a inteligência procura compreender, explicar etc.; só que se as funções do interesse, da explicação etc. são comuns a todos os estágios, isto é, "invariáveis" como funções, não é menos verdade – que "os interesses" (em oposição ao "interesse") variam, consideravelmente, de um nível mental a outro, e que as explicações particulares (em oposição à função de explicar) assumem formas muito diferentes de acordo com o grau de desenvolvimento intelectual. Ao lado das funções – constantes –, é preciso distinguir as estruturas variáveis, e é precisamente a análise dessas estruturas progressivas ou formas sucessivas de equilíbrio que marca as diferenças ou oposições de um nível da conduta para outro, desde os comportamentos elementares do lactente até à adolescência.

As estruturas variáveis serão, então, as formas de organização da atividade mental, sob um duplo aspecto: motor ou intelectual, de uma parte, e afetivo, de outra, com suas duas dimensões individual e social (interindividual). Distinguiremos, para maior clareza, seis estágios ou períodos do desenvolvimento, que marcam o aparecimento dessas estruturas sucessivamente construídas: 1º O estágio dos reflexos, ou mecanismos hereditários, assim como também das primeiras tendências instintivas (nutrições) e das primeiras emoções. 2º O estágio dos primeiros hábitos motores e das primeiras percepções organizadas, como também dos primeiros sentimentos diferenciados. 3º O estágio da inteligência senso-motora ou prática (anterior à linguagem), das regulações afetivas elementares e das primeiras fixações exteriores da afetividade. Estes três primeiros estágios constituem o período da lactância (até por volta de um ano e meio a dois anos, isto é, anterior ao desenvolvimento da linguagem e do pensamento). 4º O estágio da inteligência intuitiva, dos sentimentos interindividuais espontâneos e das relações sociais de submissão ao adulto (de dois a sete anos, ou segunda parte da "primeira infância"). 5º O estágio das operações intelectuais concretas (começo da lógica) e dos sentimentos morais e sociais de cooperação (de sete a onze-doze anos). 6º O estágio das operações intelectuais abstratas, da formação da personalidade e da inserção afetiva e intelectual na sociedade dos adultos (adolescência).

Cada estágio é caracterizado pela aparição de estruturas originais, cuja construção o distingue dos estágios anteriores. O essencial dessas construções sucessivas permanece no decorrer dos estágios ulteriores, como subestruturas, sobre as quais se edificam as novas características. Segue-se que, no adulto, cada um dos estágios passados corresponde a um nível mais ou menos elementar ou elevado da hierarquia das condutas. Mas a cada estágio correspondem também características momentâneas e secundárias, que são modificadas pelo desenvolvimento ulterior, em função da necessidade de melhor organização. Cada estágio constitui então, pelas estruturas que o definem, uma forma particular de equilíbrio, efetuando-se a evolução mental no sentido de uma equilibração sempre mais completa.

Podemos agora compreender o que são os mecanismos funcionais comuns a todos os estágios. Pode-se dizer de maneira geral (não comparando somente cada estágio ao seguinte, mas cada conduta, no interior de qualquer estágio, à conduta seguinte) que toda ação – isto é, todo movimento, pensamento ou sentimento – corresponde a uma necessidade. A criança, como o adulto, só executa alguma ação exterior ou menos inteiramente interior quando impulsionada por um motivo e este se traduz sempre sob a forma de uma necessidade (uma necessidade elementar ou um interesse, uma pergunta etc.). Ora, como já bem mostrou Claparède, uma necessidade é sempre a manifestação de um desequilíbrio. Ela existe quando qualquer coisa, fora de nós ou em nós (no nosso organismo físico ou mental) se modificou, tratando-se, então, de um reajustamento da conduta em função desta mudança. Por exemplo, a fome ou a fadiga provocarão a procura do alimento ou do repouso. O encontro do objeto exterior desencadeará a necessidade de manipulá-lo; sua utilização para fins práticos suscitará uma pergunta ou um problema teórico. Uma palavra de alguém excitará a necessidade de imitar, de simpatizar ou levará a reserva e oposição quando entra em conflito com as nossas tendências. Inversamente, a ação se finda desde que haja satisfação das necessidades, isto é, logo que o equilíbrio – entre o fato novo, que desencadeou a necessidade, e a nossa organização mental, tal como se apresentava anteriormente – é restabelecido.

Comer ou dormir, brincar ou conseguir suas finalidades, responder a perguntas ou resolver problemas, ser bem-sucedido na imitação, estabelecer um laço afetivo, sustentar seu ponto de vista, são outras satisfações que, nos exemplos precedentes, darão fim à conduta específica suscitada pela necessidade. A cada instante, pode-se dizer, a ação é desequilibrada pelas transformações que aparecem no mundo, exterior ou interior, e cada nova conduta vai funcionar não só para restabelecer o equilíbrio, como também para tender a um equilíbrio mais estável que o do estágio anterior a esta perturbação.

A ação humana consiste neste movimento contínuo e perpétuo de reajustamento ou de equilibração. É por isto que, nas fases de construção inicial, se pode considerar as estruturas mentais sucessivas que produzem o desenvolvimento como formas de equilíbrio, onde cada uma constitui um progresso sobre as precedentes. Mas também é preciso compreender que este mecanismo funcional, por mais geral que seja, não explica o conteúdo ou a estrutura das diferentes necessidades, pois cada uma dentre elas é relativa à organização do nível considerado. Por exemplo, a visão de um mesmo objeto suscitará diferentes perguntas em uma criança ainda incapaz de classificação e uma maior, cujas ideias são mais amplas e mais sistemáticas. Os interesses de uma criança dependem, portanto, a cada momento do conjunto de suas noções adquiridas e de suas disposições afetivas, já que estas tendem a completá-los em sentido de melhor equilíbrio.

Antes de examinarmos o desenvolvimento em detalhes, devemos precisar a forma geral das necessidades e interesses comuns a todas as idades. Pode-se dizer que toda necessidade tende: 1º a incorporar as coisas e pessoas à atividade própria do sujeito, isto é, "assinalar" o mundo exterior às estruturas já construídas, e 2º a reajustar estas últimas em função das transformações ocorridas, ou seja, "acomodá-las" aos objetos externos. Nesse ponto de vista, toda vida mental e orgânica tende a assimilar progressivamente o meio ambiente, realizando esta incorporação graças às estruturas ou órgãos psíquicos, cujo raio de ação se torna cada vez mais amplo. A percepção e movimentos elementares (preensão etc.) referem-se, primeiramente, aos objetos próximos nos seus estados momentâneos, já que a memória e a inteligência prática permitem, ao mesmo tempo, reconstituir o estado imediatamente anterior e antecipar as transformações próximas. O pensamento intuitivo reforça, em seguida, estas duas capacidades. Esta evolução culmina com a inteligência lógica, sob a forma de operações concretas e finalmente de dedução abstrata, tornando o sujeito senhor dos acontecimentos mais longínquos no espaço e no tempo. Em cada um desses níveis, o espírito desempenha a mesma função, isto é, incorporar o universo a si próprio; a estrutura de assimilação, no entanto, vai variar desde as formas de incorporação sucessivas da percepção e do movimento até às operações superiores.

Ora, assimilando assim os objetos, a ação e o pensamento são compelidos a se acomodarem a estes, isto é, a se reajustarem por ocasião de cada variação exterior. Pode-se chamar "adaptação" ao equilíbrio destas assimilações e acomodações. Esta é a forma geral de equilíbrio psíquico. O desenvolvimento mental aparecerá, então, em sua organização progressiva como uma adaptação sempre mais precisa à realidade. São as etapas desta adaptação que vamos agora estudar concretamente.

I. O RECÉM-NASCIDO E O LACTENTE

O período que vai do nascimento até a aquisição da linguagem é marcado por extraordinário desenvolvimento mental. Muitas vezes mal se suspeitou da importância desse período; e isto porque ele não é acompanhado de palavras que permitam seguir, passo a passo, o progresso da inteligência e dos sentimentos, como mais tarde. Mas, na verdade, é decisivo para todo o curso da evolução psíquica: representa a conquista, através da percepção e dos movimentos, de todo o universo prático que cerca a criança. Ora, esta "assimilação senso-motora" do mundo exterior imediato realiza, em dezoito meses ou dois anos, toda uma revolução copérnica em miniatura. Enquanto, no ponto de partida deste desenvolvimento, o recém-nascido traz tudo para si ou, mais precisamente, para o seu corpo, no final, isto é, quando começam a linguagem e o pensamento, ele se coloca, praticamente, como um elemento ou um corpo entre os outros, em um universo que construiu pouco a pouco, e que sente depois como exterior a si próprio.

Vamos descrever passo a passo as etapas desta revolução copérnica, sob duplo aspecto: o da inteligência e o da vida afetiva em formação. No primeiro destes dois pontos de vista podem-se, como já vimos atrás, distinguir três estágios entre o nascimento e o fim deste período: o dos reflexos, o da organização das percepções e hábitos e o da inteligência senso-motora propriamente dita.

No recém-nascido, a vida mental se reduz ao exercício de aparelhos reflexos, isto é, às coordenações sensoriais e motoras de fundo hereditário, que correspondem a tendências instintivas, como a nutrição. A esse respeito nos limitamos a observar que estes reflexos, enquanto estão ligados às condutas que desempenharão um papel no desenvolvimento psíquico ulterior, não têm nada desta passividade mecânica que se lhes atribui, mas manifestam desde o começo uma atividade verdadeira que atesta, precisamente, a existência de uma assimilação senso-motora precoce. Desde o início, os reflexos de sucção melhoram com o exercício: um recém-nascido mama melhor depois de uma ou duas semanas que nos primeiros dias. Em seguida, esses reflexos conduzem a discriminações ou reconhecimentos práticos fáceis de serem notados. Enfim, eles dão lugar, sobretudo, a uma espécie de generalização da atividade: o lactente não se contenta em sugar quando mama, sugando também no vazio, seus dedos (quando os encontra) e qualquer objeto apresentado fortuitamente. Coordena os movimentos dos braços com a sucção, até levar, sistematicamente – às vezes desde o segundo mês –, seu polegar à boca. Em suma, assimila uma parte de seu universo à sucção, a ponto que se poderia exprimir seu comportamento inicial, dizendo-se que, para ele, o mundo é essencialmente uma realidade a sugar. É verdade que, rapidamente, o mesmo universo se tornará também uma realidade para se olhar, ouvir e, logo que os movimentos próprios lhe permitam, para manipular.

Mas estes diversos exercícios, reflexos que são o prenúncio da assimilação mental, vão rapidamente se tornar mais complexos por integração nos hábitos e percepções organizados, constituindo o ponto de partida de novas condutas, adquiridas com ajuda da experiência. A sucção sistemática do polegar pertence já a este segundo estágio, assim como também os gestos de virar a cabeça na direção de um ruído, ou de seguir um objeto em movimento etc. Do ponto de vista perceptivo, constatamos que, logo que a criança começa a sorrir (quinta semana em diante), reconhece certas pessoas em oposição a outras etc. (mas guardemo-nos de lhe atribuir, por isto, a noção de pessoa ou mesmo de objeto: são aparições sensíveis e animadas que ela reconhece, nessa fase, o que não prova nada quanto à sua substancialidade, nem quanto à dissociação do eu e do universo exterior). Entre três e seis meses (comumente por volta de quatro meses e meio), o lactente começa a pegar o que vê, e esta capacidade de preensão, depois de manipulação, aumenta seu poder de formar hábitos novos.

Os conjuntos motores (hábitos) novos e os conjuntos perceptivos, no início, formam apenas um sistema; a esse respeito, pode-se falar de "esquemas senso-motores". Mas como se constroem estes conjuntos? Um ciclo reflexo é sempre, no ponto de partida, mais um ciclo cujo exercício, em lugar de se repetir, incorpora novos elementos, constituindo com eles totalidades organizadas mais amplas, por diferenciações progressivas. A seguir, basta que os movimentos do lactente, quaisquer que sejam, atinjam um resultado interessante – interessante porque os movimentos são assimiláveis a um esquema anterior – para que o sujeito reproduza logo esses novos movimentos. Esta "reação circular", como a chamaram, desempenha papel essencial no desenvolvimento senso-motor e representa forma mais evoluída de assimilação.

Mas, vamos ao terceiro estágio, que é mais importante ainda para o curso do desenvolvimento: o da inteligência prática ou senso-motora. A inteligência aparece, com efeito, bem antes da linguagem, isto é, bem antes do pensamento interior que supõe o emprego de signos verbais (da linguagem interiorizada). Mas é uma inteligência totalmente prática, que se refere à manipulação dos objetos e que só utiliza, em lugar de palavras e conceitos, percepções e movimentos, organizados em "esquemas de ação". Pegar uma vareta, para puxar um objeto distante, é assim um ato de inteligência (e mesmo bastante tardio: por volta de dezoito meses). Neste ato, um meio, que é um verdadeiro instrumento, é coordenado a um objetivo previsto; no exemplo da vareta, é preciso compreender, antecipadamente, a relação entre ela e o objetivo, para descobri-la como meio. Um ato de inteligência mais precoce consistirá em aproximar o objetivo, puxando a cobertura ou o suporte sobre o qual está colocado (por volta do fim do primeiro ano). Vários outros exemplos poderiam ser citados.

Investiguemos como se constroem estes atos de inteligência. Pode-se falar de dois tipos de fatores. Primeiramente, as condutas precedentes se multiplicam e se diferenciam cada vez mais, até alcançar uma maleabilidade suficiente para registrar os resultados da experiência. É assim que nas "reações circulares" o bebê não se contenta mais apenas em reproduzir os movimentos e gestos que conduziram a um efeito interessante, mas os varia intencionalmente para estudar os resultados destas variações, entregando-se a verdadeiras explorações ou "experiências para ver". Todos puderam observar, por exemplo, o comportamento de crianças de doze meses, aproximadamente, que consistia em jogar objetos no chão, em uma ou outra direção, para analisar quedas e trajetórias. De outro lado, os "esquemas" de ação construídos desde o nível do estágio precedente e multiplicados graças a essas novas condutas experimentais, tornam-se suscetíveis de se coordenarem entre si, por assimilação recíproca, tal como farão mais tarde as noções ou conceitos do pensamento. Com efeito, uma ação apta a ser repetida e generalizada para situações novas é comparável a uma espécie de conceito senso-motor. É assim que, em presença de um novo objeto, ver-se-á o bebê incorporá-lo sucessivamente a cada um de seus esquemas de ação (agitar, esfregar ou balançar o objeto), como se se tratasse de compreendê-lo através do uso. Sabe-se que, por volta de cinco a seis anos, as crianças ainda definem os conceitos começando pelas palavras "é para": uma mesa "é para escrever em cima" etc. Há, então, aí uma assimilação senso-motora comparável àquela que será mais tarde a assimilação da realidade por meio das noções e do pensamento. É natural, portanto, que estes diversos esquemas de ação se assimilem entre si, isto é, se coordenem de maneira que uns determinem fim à ação total, enquanto outros lhe sirvam de meio. E é por esta coordenação, comparável à do estágio precedente, mais móvel e flexível, que começa a inteligência prática propriamente dita.

A finalidade deste desenvolvimento intelectual é, como já dissemos acima, transformar a representação das coisas, a ponto de inverter completamente a posição inicial do sujeito em relação a elas. No ponto de partida da evolução mental, não existe, certamente, nenhuma diferenciação entre o eu e o mundo exterior, isto é, as impressões vividas e percebidas não são relacionadas nem à consciência pessoal sentida como um "eu" nem a objetos concebidos como exteriores. São simplesmente dados em um bloco indissociado, ou como que expostos sobre um mesmo plano, que não é nem interno nem externo, mas meio caminho entre esses dois polos. Estes só se oporão um ao outro pouco a pouco. Ora, por causa desta indissociação primitiva, tudo que é percebido é centralizado sobre a própria atividade. O eu, no início, está no centro da realidade, porque é inconsciente de si mesmo, e à medida que se constrói como uma realidade interna ou subjetiva o mundo exterior vai-se objetivando. Em outras palavras, a consciência começa por um egocentrismo inconsciente e integral, até que os progressos da inteligência sensomotora levem à construção de um universo objetivo, onde o próprio corpo aparece como um elemento entre os outros, e ao qual se opõe a vida interior, localizada neste corpo.

Quatro processos fundamentais caracterizam esta revolução intelectual realizada durante os dois primeiros anos de existência: são as construções de categorias do objeto e do espaço, da causalidade e do tempo, todas as quatro naturalmente a título de categorias práticas ou de ação pura e não ainda como noções do pensamento.

O esquema prático do objeto é a permanência substancial atribuída aos quadros sensoriais. É, portanto, a crença segundo a qual uma figura percebida corresponde a "qualquer coisa" que continua a existir, mesmo quando não a percebemos mais. Ora, é fácil mostrar que, durante os primeiros meses, o lactente não percebe objetos propriamente ditos. Reconhece certos quadros sensoriais familiares, mas o fato de reconhecê-los quando presentes não equivale, de forma nenhuma, a situá-los em qualquer parte quando estão fora do campo perceptivo. Reconhece em particular as pessoas e sabe que, gritando, fará retornar sua mãe, logo que ela desaparece. Mas isto não prova que ele lhe atribui um corpo existente no espaço, quando não a vê mais. De fato o lactente, quando começa a pegar o que vê, não apresenta, de início, nenhum comportamento no sentido de buscar os objetos desejados que estão cobertos com um lenço, embora ele tenha seguido com os olhos tudo o que foi feito. Em seguida, procurará o objeto escondido, mas sem se dar conta dos deslocamentos sucessivos, como se cada objeto estivesse ligado a uma situação de conjunto e não constituísse um motivo independente. Só por volta do fim do primeiro ano é que os objetos são procurados depois que saem do campo da percepção, e é sob este critério que se pode reconhecer um começo de exteriorização do mundo material. Resumindo, a ausência inicial de objetos substanciais, depois a construção de objetos sólidos e permanentes, é um primeiro exemplo desta passagem do egocentrismo integral primitivo para a elaboração final de um universo exterior.

A evolução do espaço prático é inteiramente solidária com a construção dos objetos. No começo há tantos espaços, não coordenados entre si, quanto domínios sensoriais (espaço bucal, visual, tátil etc.) e cada um deles está centralizado sobre movimentos e atividades próprias. O espaço visual, em especial, não tem no começo as mesmas profundidades que construirá em seguida. No fim do segundo ano, ao contrário, está concluído um espaço geral que compreende todos os outros, caracterizando as relações dos objetos entre si e os contendo na sua totalidade, inclusive o próprio corpo. Ora, a elaboração do espaço é devida essencialmente à coordenação de movimentos, sentindo-se aqui a estreita relação que une este desenvolvimento ao da inteligência senso-motora.

A causalidade é, primeiramente, ligada à atividade em seu egocentrismo: é a ligação que fica muito tempo fortuita para o sujeito, entre um resultado empírico e uma ação qualquer que os atraiu.

É assim que, puxando os cordões que pendem do alto de seu berço, o lactente descobre a agitação de todos os brinquedos suspensos na cobertura, unindo então causalisticamente o puxar os cordões e o efeito geral desta agitação. Ele se servirá logo deste esquema causal para agir a distância sobre qualquer coisa: ele puxará o cordão para continuar um balanço que observa a dois metros de seu berço, para fazer durar um assovio ouvido do fundo de seu quarto etc. Esta espécie de causalidade mágica ou "mágico-fenomenista" mostra o egocentrismo causal primitivo. No curso do segundo ano, ao contrário, a criança reconhece as relações de causalidade dos objetos entre si, objetivando e espacializando, deste modo, as causas.

A objetivação das séries temporais é paralela à causalidade. Em suma, em todos os domínios encontramos esta espécie de revolução copérnica. Esta permite à inteligência senso-motora sair do seu egocentrismo inconsciente radical para se situar em um "universo", não importando quão prático e pouco "reflexivo" este seja.

A evolução da afetividade durante os dois primeiros anos dá lugar a um quadro que, no conjunto, corresponde, exatamente, àquele estabelecido através do estudo das funções motoras e cognitivas. Existe, com efeito, um paralelo constante entre a vida afetiva e a intelectual. Demos aí apenas um exemplo, mas veremos que esse paralelismo se seguirá no curso de todo o desenvolvimento da infância e adolescência. Tal constatação só surpreende quando se reparte, de acordo com o senso comum, a vida do espírito em dois compartimentos estanques: o dos sentimentos e o do pensamento.

Mas, nada é mais falso e superficial. Na realidade, o elemento que é preciso sempre focalizar, na análise da vida mental, é a "conduta" propriamente dita, concebida – como procuramos expor rapidamente na nossa introdução – como um restabelecimento ou fortalecimento do equilíbrio. Ora, toda conduta supõe instrumentos ou uma técnica: são os movimentos e a inteligência. Mas, toda conduta implica também modificações e valores finais (o valor dos fins): são os sentimentos. Afetividade e inteligência são, assim, indissociáveis e constituem os dois aspectos complementares de toda conduta humana.

Sendo assim, é claro que ao primeiro estágio de técnicas reflexas corresponderão os impulsos instintivos elementares, ligados à alimentação, assim como estas espécies de reflexos afetivos que são as emoções primárias. Mostrou-se, com efeito, recentemente, a proximidade das emoções com o sistema fisiológico das atitudes ou posturas; os primeiros medos, por exemplo, podem estar ligados à perda de equilíbrio ou a bruscos contrastes entre um acontecimento fortuito e a atitude anterior.

Ao segundo estágio (percepções e hábitos), assim como ao começo da inteligência senso-motora, corresponde uma série de sentimentos elementares ou afetos perceptivos ligados às modalidades da atividade própria: o agradável e o desagradável, o prazer e a dor etc., assim como os primeiros sentimentos de sucesso e fracasso. Na medida em que estes estados afetivos dependem da própria ação e não ainda da consciência das relações mantidas com as outras pessoas, este nível da afetividade testemunha uma espécie de egocentrismo geral, e dá a ilusão, se atribuímos falsamente ao bebê uma consciência de seu eu, de uma espécie de amor a si próprio e de uma atividade desse eu. De fato, o lactente começa por se interessar essencialmente por seu corpo, seus movimentos e pelos resultados destas ações. Os psicanalistas chamaram de "narcisismo" a este estágio elementar da afetividade, mas é preciso compreender que é um narcisismo sem Narciso, isto é, sem a consciência pessoal propriamente dita.

Ao contrário, com o desenvolvimento da inteligência e com a consequente elaboração de um universo exterior, e principalmente com a construção do esquema do "objeto", aparece um terceiro nível de afetividade: este é caracterizado, retomando o vocabulário da psicanálise, pela "escolha do objeto", isto é, pela objetivação dos sentimentos e pela sua projeção sobre outras atividades que não apenas a do eu. Note-se que, com o progresso das condutas inteligentes, os sentimentos ligados à própria atividade se diferenciam e se multiplicam: alegrias e tristezas ligadas ao sucesso e ao fracasso dos atos intencionais, esforços e interesses ou fadigas e desinteresses etc. Mas estes estados afetivos permanecem muito tempo ligados apenas, como os afetos perceptivos, às ações do sujeito, sem delimitação precisa entre aquilo que lhe pertence especificamente e aquilo que pode ser atribuído ao mundo exterior, isto é, a outras fontes possíveis de atividades e de causalidade. Por outro lado, quando do quadro global e indiferenciado das ações e percepções primitivas, destacam-se, cada vez mais nítidos, os "objetos" concebidos como exteriores ao eu e independentes dele, a situação se transforma completamente. De uma parte, encontramos a estreita correlação com a construção do objeto, a consciência do "eu" começando a se afirmar como polo interior da realidade, em oposição ao polo externo objetivo: mas, de outra parte, os objetos concebidos, em analogia a esse "eu", como ativos, vivos e conscientes. E isto acontece, em especial, com esses objetos, excepcionalmente imprevistos e interessantes, que são as pessoas. Os sentimentos elementares de alegria e tristeza, de sucessos e fracassos etc. serão então experimentados em função desta objetivação das coisas e das pessoas, originando-se daí os sentimentos interindividuais. A "escolha (afetiva) do objeto", que a psicanálise opõe ao narcisismo, corresponde à construção intelectual do objeto, assim como o narcisismo correspondia à indiferenciação entre o mundo exterior e o eu. Esta "escolha do objeto" refere-se, primeiramente, à pessoa da mãe, depois (em negativa como positivo) à pessoa do pai e dos próximos. Tal é o começo das simpatias e antipatias que se vão desenvolver tão amplamente no curso do período seguinte.

II. A PRIMEIRA INFÂNCIA: DE DOIS A SETE ANOS

Com o aparecimento da linguagem, as condutas são profundamente modificadas no aspecto afetivo e no intelectual. Além de todas as ações reais ou materiais que é capaz de efetuar, como no curso do período precedente, a criança torna-se, graças à linguagem, capaz de reconstituir suas ações passadas sob forma de narrativas, e de antecipar suas ações futuras pela representação verbal. Daí resultam três consequências essenciais para o desenvolvimento mental: uma possível troca entre os indivíduos, ou seja, o início da socialização da ação; uma interiorização da palavra, isto é, a aparição do pensamento propriamente dito, que tem como base a linguagem interior e o sistema de signos, e, finalmente, uma interiorização da ação como tal, que, puramente perceptiva e motora que era até então, pode daí em diante se reconstituir no plano intuitivo das imagens e das "experiências mentais". Do ponto de vista afetivo, segue-se uma série de transformações paralelas, desenvolvimento de sentimentos interindividuais (simpatias e antipatias, respeito etc.) e de uma afetividade inferior organizando-se de maneira mais estável do que no curso dos primeiros estágios.

Vamos primeiramente examinar essas três modificações gerais da conduta (socialização, pensamento e intuição), e depois suas repercussões afetivas. Mas, para se compreender em detalhes estas múltiplas manifestações novas, é preciso insistir ainda sobre sua continuidade relativa com as condutas anteriores. No momento da aparição da linguagem, a criança se acha às voltas, não apenas com o universo físico como antes, mas com dois mundos novos e intimamente solidários: o mundo social e o das representações interiores. Lembremo-nos de que, a respeito dos objetos materiais ou corpos, o lactente começa por uma atitude egocêntrica – na qual a incorporação das coisas à sua atividade predomina sobre a acomodação – conseguindo, apenas gradativamente, situar-se em um universo objetivado (onde a assimilação ao sujeito e a acomodação ao real se harmonizam entre si). Da mesma maneira, a criança reagirá primeiramente às relações sociais e ao pensamento em formação com um egocentrismo inconsciente que prolonga o do bebê. Ela só se adaptará, progressivamente, obedecendo às leis de equilíbrio análogas às do bebê, mas transpostas em função destas novas realidades. É por este motivo que se observa, durante toda a primeira infância, uma repetição parcial, em planos novos, da evolução já realizada pelo lactente no plano elementar das adaptações práticas. Estas espécies de repetição, com defasagem de um plano inferior aos planos superiores, são extremamente reveladoras dos mecanismos íntimos da evolução mental.

A. *A socialização da ação*

A troca e a comunicação entre os indivíduos são a consequência mais evidente do aparecimento da linguagem. Sem dúvida, estas relações interindividuais existem em germe desde a segunda metade do primeiro ano, graças à imitação, cujos progressos estão em íntima conexão com o desenvolvimento senso-motor. Sabe-se que o lactente aprende pouco a pouco a imitar, sem que exista uma técnica hereditária da imitação. Primeiramente, é simples excitação, pelos gestos análogos do outro, movimentos visíveis do corpo (sobretudo das mãos) que a criança sabe executar espontaneamente; em seguida, a imitação senso-motora torna-se uma cópia cada vez mais precisa de movimentos que lembram os movimentos conhecidos; e, finalmente, a criança reproduz os movimentos novos mais complexos (os modelos mais difíceis são os que interessam às partes não visíveis do próprio corpo, como o rosto e a cabeça). A imitação de sons tem uma evolução semelhante. Quando os sons são associados a ações determinadas, a imitação prolonga-se como a aquisição da linguagem (palavras-frases elementares, depois, substantivos e verbos diferenciados e, finalmente, frases propriamente ditas). Enquanto a linguagem se estabelece sob forma definida, as relações interindividuais se limitam à imitação de gestos corporais e exteriores, e a uma relação afetiva global sem comunicações diferenciadas. Com a palavra, ao contrário, é a vida interior como tal que é posta em comum e, deve-se acrescentar, que se constrói conscientemente, na medida em que pode ser comunicada.

Ora, em que consistem as funções elementares da linguagem? É interessante, a esse respeito, observar em crianças de dois a sete anos, tudo o que dizem e fazem durante algumas horas, em intervalos regulares e analisar esta amostra de linguagem espontânea ou provocada, do ponto de vista das relações sociais fundamentais. Três grandes categorias de fatos podem, assim, ser postas em evidência.

Em primeiro lugar, existem os fatos de subordinação e as relações de coação espiritual exercida pelo adulto sobre a criança. Com a linguagem, a criança descobre as riquezas insuspeitas de um mundo de realidades superiores a ela; seus pais e os adultos que a cercam lhe aparecem já como seres grandes e fortes, como fontes de atividades imprevistas e misteriosas. Mas agora esses mesmos seres revelam seus pensamentos e vontades, e este novo universo começa a se impor com sedução e prestígio incomparáveis. Um "eu ideal", como disse Baldwin, se propõe ao eu da criança, e os exemplos vindos do alto serão modelos que a criança deve procurar copiar ou igualar. São dados ordens e avisos, sendo, como mostrou Bovet, o respeito do pequeno pelo grande que os torna aceitáveis e obrigatórios para as crianças. Mas, mesmo fora destes núcleos de obediência, desenvolve-se toda uma submissão inconsciente, intelectual e afetiva, devida à coação espiritual exercida pelo adulto.

Em segundo lugar, existem todos os fatores de troca, com o adulto ou com outras crianças. Essas intercomunicações desempenham igualmente papel decisivo para os progressos da ação; na medida em que levam a formular a própria ação e narração das ações passadas, estas intercomunicações transformam as condutas materiais em pensamento. Como disse Janet, a memória está ligada à narrativa; a reflexão, à discussão; a crença ao engajamento ou à promessa e o pensamento à linguagem exterior ou interior. Mas, sabe a criança comunicar inteiramente seu pensamento (e aí se notam as defasagens de que falamos acima), e perceber o ponto de vista dos outros? Ou, melhor, uma aprendizagem da socialização é necessária para alcançar a cooperação real? É neste ponto que se torna útil a análise das funções da linguagem espontânea. Com efeito, é fácil constatar como as conversações entre crianças são rudimentares e ligadas à ação material propriamente dita. Aproximadamente até sete anos, as crianças não sabem discutir entre elas e se limitam a apresentar suas afirmações contrárias. Quando se procura dar explicações, umas às outras, conseguem com dificuldade se colocar do ponto de vista daquela que ignora do que se trata, falando como que para si mesmas. E sobretudo acontece-lhes, trabalhando em um mesmo quarto ou em uma mesma mesa, de falar cada uma por si, acreditando que se escutam e se compreendem umas às outras. Esta espécie de "monólogo coletivo" consiste mais em mútua excitação à ação do que em troca de pensamentos reais. Notemos, enfim, que as características desta linguagem entre crianças são encontradas nas brincadeiras coletivas ou de regra; em partidas de bolas de gude, por exemplo, os grandes se submetem às mesmas regras e ajustam seus jogos individuais aos dos outros, enquanto os pequenos jogam cada um por si, sem se ocuparem das regras do companheiro.

Daí uma terceira categoria de fatos: a criança não fala somente às outras, fala-se a si própria, sem cessar, em monólogos variados que acompanham seus jogos e sua atividade. Comparados ao que serão mais tarde, a linguagem interior contínua no adulto ou no adolescente, estes solilóquios são diferentes, pelo fato de que são pronunciados em voz alta e pela característica de auxiliares da ação imediata. Estes verdadeiros monólogos, como os coletivos, constituem mais de um terço da linguagem espontânea entre crianças de três e quatro anos, diminuindo por volta dos sete anos.

Em suma, o exame da linguagem espontânea entre crianças, como o do comportamento dos pequenos nos jogos coletivos, mostra que as primeiras condutas sociais permanecem ainda a meio caminho da verdadeira socialização. Em lugar de sair de seu próprio ponto de vista para coordená-lo com o dos outros, o indivíduo permanece inconscientemente centralizado em si mesmo; este egocentrismo em face do grupo social reproduz e prolonga o que notamos no lactente em face do universo físico. Nos dois casos, há uma indiferenciação entre o eu e a realidade exterior, aqui representada pelos outros indivíduos e não mais pelos objetos isolados; este tipo de confusão inicial estabelece a primazia do próprio ponto de vista. Quanto às relações entre a criança e o adulto, é evidente que a coação espiritual (e *a fortiori* material) exercida pelo segundo sobre o primeiro não exclui em nada este egocentrismo. Quando se submete ao adulto e o coloca muito acima de si, a criança vai reduzi-lo, muitas vezes, à sua escala, como certos crentes ingênuos a respeito da sua divindade, chegando mais a um meio-termo entre o ponto de vista superior e o seu próprio, do que a uma coordenação bem diferenciada.

B. *A gênese do pensamento*

Em função destas modificações gerais da ação, assiste-se durante a primeira infância a uma transformação da inteligência que, de apenas senso-motora ou prática que é no início, se prolonga doravante como pensamento propriamente dito sob a dupla influência da linguagem e da socialização. A linguagem, permitindo ao sujeito contar suas ações, fornece de uma só vez a capacidade de reconstituir o passado, portanto, de evocá-lo na ausência de objetos sobre os quais se referiram as condutas anteriores, de antecipar as ações futuras, ainda não executadas, e até substituí-las, às vezes, pela palavra isolada, sem nunca realizá-las. Este é o ponto de partida do pensamento. Mas, aí, deve-se acrescentar que a linguagem conduz à socialização das ações; estas dão lugar, graças a ela, a atos de pensamento que não pertencem exclusivamente ao eu que os concebe, mas, sim, a um plano de comunicação que lhes multiplica a importância. A linguagem é um veículo de conceitos e noções que pertence a todos e reforça o pensamento individual com um vasto sistema de pensamento coletivo. Neste, a criança mergulha logo que maneja a palavra.

Mas acontece com o pensamento o que acontece com a conduta global. Em vez de se adaptar logo às realidades novas que descobre e que constrói pouco a pouco, o sujeito deve começar por uma incorporação laboriosa dos dados ao seu eu e à sua atividade; esta assimilação egocêntrica caracteriza tanto o início do pensamento da criança como o da socialização. Para ser mais exato, é preciso dizer que, durante as idades de dois a sete anos, se encontram todas as transições entre duas formas extremas de pensamento, representadas em cada uma das etapas percorridas durante este período, sendo que a segunda domina pouco a pouco a primeira. A primeira destas formas é a do pensamento por incorporação ou assimilação puras, cujo egocentrismo exclui, por consequência, toda objetividade. A segunda destas formas é a do pensamento adaptado aos outros e ao real, que prepara, assim, o pensamento lógico. Entre os dois se encontra a grande maioria dos atos do pensamento infantil que oscila entre estas direções contrárias.

O pensamento egocêntrico puro aparece nesta espécie de jogo, que se pode chamar de jogo simbólico. Sabe-se que o jogo constitui a forma de atividade inicial de quase toda tendência, ou pelo menos um exercício funcional desta tendência que o ativa ao lado da aprendizagem propriamente dita, e que, agindo sobre este, o reforça. Observa-se então, bem antes da linguagem, um jogo de funções senso-motoras que é um jogo de puro exercício, sem intervenção do pensamento nem da vida social, pois só ativa movimentos e percepções. No nível da vida coletiva (de sete a doze anos), ao contrário, vê-se constituir nas crianças jogos caracterizados por certas obrigações comuns, isto é, as regras do jogo. Entre duas crianças, aparece uma forma diferente de jogo, muito característica da primeira infância e que sofre intervenção do pensamento, mas um pensamento individual quase puro com *minimum* de elementos coletivos: é o jogo simbólico ou jogo de imaginação e imitação. Os exemplos são abundantes: jogo de boneca, brincar de comidinha. É fácil dar-se conta de que estes jogos simbólicos constituem uma atividade real do pensamento, embora essencialmente egocêntrica, ou melhor, duplamente egocêntrica. Sua função consiste em satisfazer o eu por meio de uma transformação do real em função dos desejos: a criança que brinca de boneca refaz sua própria vida, corrigindo-a à sua maneira, e revive todos os prazeres ou conflitos, resolvendo-os, compensando-os, ou seja, completando a realidade através da ficção. Em suma: o jogo simbólico não é um esforço de submissão do sujeito ao real, mas, ao contrário, uma assimilação deformada da realidade ao eu. De outro lado, a linguagem intervém nesta espécie de pensamento imaginativo, tendo como instrumento a imagem ou símbolo. Ora, o símbolo é um signo – como a palavra ou signo verbal – mas é um signo individual elaborado sem o recurso dos outros e muitas vezes compreendido pelo indivíduo, já que a imagem se refere a lembranças e estados íntimos e pessoais. É, portanto, neste duplo sentido que o jogo simbólico constitui o polo egocêntrico do pensamento. Pode-se dizer, mesmo, que ele é o pensamento egocêntrico em estado quase puro, só ultrapassado pela fantasia e pelo sonho.

No outro extremo, encontra-se a forma de pensamento mais adaptada ao real que a criança conhece, e que se pode chamar de pensamento intuitivo. É, em certo sentido, a experiência e a coordenação senso-motoras, mas reconstituídas e antecipadas, graças à representação. Voltaremos a ela (na parte C), pois a intuição é, sob certo aspecto, a lógica da primeira infância.

Entre estes dois tipos extremos se encontra uma forma de pensamento simplesmente verbal, séria em oposição ao jogo, porém, mais distante do real do que a própria intuição: é o pensamento corrente da criança de dois a sete anos. É muito interessante constatar o quanto ele prolonga os mecanismos de assimilação e a construção do real, próprias ao período pré-verbal.

Para saber-se como a criança pensa espontaneamente, não há método mais eficiente que o de pesquisar e analisar as perguntas que faz, abundantes às vezes, quase ao mesmo tempo em que fala. Entre estas perguntas, as mais primitivas tendem simplesmente a saber "onde" se encontram os objetos desejados e como se chamam as coisas pouco conhecidas: "o que é?" Mas desde três anos, e muitas vezes antes, aparece uma forma básica de pergunta que se multiplica até os sete anos: são os famosos "porquês" das crianças, aos quais o adulto tantas vezes tem dificuldade em responder. Qual o sentido aos quais o adulto tantas vezes tem dificuldade em responder? Qual o sentido geral dessa palavra? No adulto pode ter dois significados distintos: a finalidade ("por que você vai por este caminho?") ou a causa eficiente ("por que os corpos caem?"). Tudo se passa, ao contrário, como se os "porquês" da primeira infância apresentassem um significado indiferenciado, meio caminho entre o fim e a causa, implicando, no entanto, um e outro ao mesmo tempo. "Por que é que está rolando?", pergunta, por exemplo, um menino de seis anos à pessoa que toma conta dele. Refere-se a uma bola de gude que, em um terraço levemente inclinado, se dirige à pessoa situada na parte mais baixa; como resposta dir-se-á: "Porque inclinado", o que é uma explicação puramente causal; mas a criança, não satisfeita, pergunta novamente: "Ela sabe que você está embaixo?" Seguramente, não se deve tomar ao pé da letra esta reação: a criança não empresta à bola de gude uma consciência humana. Se bem que exista, como veremos, uma espécie de "animismo" infantil, não se poderia interpretá-lo como um antropoformismo tão grosseiro. Todavia, a explicação mecânica não satisfaz à criança, porque ela entende um movimento como necessariamente orientado para um fim e, em consequência, como intencional e dirigido. Portanto, é a causa e o fim do movimento da bola de gude que esta criança queria conhecer, e é por isto que este exemplo é tão representativo dos "porquês" iniciais.

Um dos motivos que torna os "porquês" infantis tão obscuros para a consciência adulta e que explica as dificuldades que sentimos para responder às crianças é que uma grande parte destas perguntas se relaciona a fenômenos ou acontecimentos que não comportam precisamente "porquês", já que ocorrem ao acaso. Assim, é que o mesmo menino de seis anos, cuja reação ao movimento acabamos de descrever, espanta-se que haja em Genebra dois Salève, enquanto não há dois Cervin em Zermatt: "Por que existem dois Salève?"

Outro dia pergunta: "Por que o lago de Genebra não vai até Berna?" Não sabemos como interpretar estas perguntas estranhas, resolvemos propô-las a outras crianças da mesma idade, perguntando-lhes o que teriam respondido a seu companheiro. A resposta para eles não apresentou nenhuma dificuldade: há um Grande Salève para os grandes passeios e adultos, e um Pequeno Salève para os pequenos passeios e para as crianças, e o lago de Genebra não chega até Berna porque cada cidade deve ter o seu lago. Em outras palavras, não há acaso na natureza, porque tudo é "feito para" os homens e crianças, segundo um plano sábio e estabelecido, no qual o ser humano é o centro. É, portanto, a "razão de ser" das coisas que procura o "porquê", isto é, uma razão causal e finalística, e é exatamente porque é preciso que haja uma razão para tudo o que a criança fracassa nos fenômenos fortuitos e faz perguntas sobre eles.

Em suma, a análise da maneira como a criança faz suas perguntas coloca em evidência o caráter ainda egocêntrico de seu pensamento, neste novo campo da representação do mundo, em oposição ao da organização do universo prático. Tudo se passa, então, como se os esquemas práticos fossem transferidos para o novo plano e aí se prolongassem, não apenas em finalismo, como acabamos de ver, mas, ainda, sob as formas seguintes.

O animismo infantil é a tendência a conceber as coisas como vivas e dotadas de intenção. No início, será vivo todo objeto que exerça uma atividade, sendo esta essencialmente relacionada com a sua utilidade para o homem; a lâmpada que acende, o forno que esquenta, a lua que dá claridade. Depois, a vida estará destinada aos agentes e os corpos que se parecem mover por si próprios, como os astros e o vento. De outro lado, à vida é acrescentada a consciência; não uma consciência idêntica à dos homens, mas uma que tem o *minimum* de saber e intencionalidade, suficientes para as coisas realizarem suas ações e, sobretudo, para se moverem ou dirigirem para fins que lhes são determinados. Assim é que as nuvens sabem que se deslocam, pois levam a chuva e, sobretudo, a noite (a noite é uma grande nuvem negra que cobre o céu na hora de dormir). Mais tarde, só o movimento espontâneo será dotado de consciência. Por exemplo, as nuvens não sabem mais "porque o vento as empurra"; mas o vento não sabe as coisas "porque não é uma pessoa" como nós, mas "sabe que sopra, porque é ele quem sopra". Os astros são especialmente inteligentes: a lua nos segue em nossos passeios e reaparece quando voltamos para casa. Um surdo-mudo, estudado por W. James, pensava, mesmo, que a lua o denunciava quando ele roubava à noite e desenvolveu este tipo de reflexões até se perguntar se ela não tinha relação com sua própria mãe, enterrada pouco antes. Quanto às crianças normais, elas são quase unânimes em se acreditarem acompanhadas por ela; este egocentrismo as impede de pensar no que faria a lua diante de pessoas viajando em sentido oposto uma da outra. Depois de sete anos, ao contrário, esta pergunta é suficiente para conduzi-las à opinião de que os movimentos da lua são simplesmente aparentes quando seu disco nos segue.

É evidente que tal animismo provém de uma assimilação das coisas à própria atividade, como o finalismo examinado acima. Mas, da mesma maneira que o egocentrismo senso-motor do lactente resulta de uma indiferenciação entre o eu e o mundo exterior, e não de uma hipertrofia narcísica da consciência do eu, do mesmo modo o animismo e o finalismo exprimem uma confusão ou indissociação entre o mundo interior e o subjetivo e o universo físico, e não um primado da realidade psíquica interna. O pensamento para a criança – já que esta anima os corpos inertes e materializa a vida da alma – é uma voz, voz essa que está na boa ou "uma pequena voz que está por trás", e esta voz é "do vento" (termos antigos *anima*, *psique*, *rouch* etc.). Os sonhos são imagens, em geral, um pouco terríveis, enviadas pelas luzes noturnas (a lua, as lâmpadas) ou pelo próprio ar, que vêm encher o quarto. Ou, um pouco mais tarde, são concebidos como vindos de nós, mas como imagens que estão na cabeça quando se está acordado e que saem para se colocar sobre a cama ou no quarto, logo que se dorme. Quando alguém se vê a si próprio no sonho, é porque está duplo; a pessoa está na cama olhando o sonho, mas também "no sonho", como duplicata imaterial ou imagem. Na nossa opinião, não acreditamos que estas possíveis semelhanças entre o pensamento da criança e o dos primitivos (veremos mais longe com a física grega) sejam devidos a uma hereditariedade qualquer. A permanência das leis do desenvolvimento mental são suficientes para explicar estas convergências, e como todos os homens, incluindo os "primitivos", começaram sendo crianças, o pensamento infantil precede o de nossos longínquos antepassados, do mesmo modo que precede o nosso.

Ao finalismo e ao animismo pode-se acrescentar o artificialismo ou a crença de que as coisas foram construídas pelo homem ou por uma atividade divina operando do mesmo modo que a fabricação humana. Para as crianças, isto não tem nada de contraditório com o animismo, já que, segundo elas, os próprios bebês são ao mesmo tempo construídos e vivos. Todo o universo é feito assim: as montanhas "crescem" porque se plantaram pedrinhas depois de tê-las fabricado, os lagos foram escavados, e até bem tarde, a criança imagina que as cidades existiam antes de seus lagos etc.

Em suma, toda a causalidade, desenvolvida na primeira infância, participa das mesmas características de: indiferenciação entre o psíquico e o físico e egocentrismo intelectual. As leis naturais acessíveis à criança são confundidas com as leis morais e o determinismo com a obrigação: os barcos flutuam porque devem flutuar e a lua ilumina somente à noite "porque não é ela quem manda". O movimento é concebido como um estado de transição tendente a uma finalidade que o completa: os riachos correm porque têm um impulso que os conduz para os lagos, impulso esse que não lhes permite voltar para as montanhas. A noção de força, em especial, dá lugar a curiosas constatações; ativa e substancial, isto é, ligada a cada corpo e intransmissível, ela explica, como na física de Aristóteles, o movimento dos corpos pela união de um acionamento externo e de uma força interior, ambos necessários. Por exemplo: as nuvens são empurradas pelo vento, mas elas próprias produzem um vento quando avançam. Esta explicação, que lembra o célebre esquema peripatético do movimento dos projéteis, é ampliada pela criança para incluir estes últimos. Se uma bola não cai imediatamente na terra depois de lançada por uma mão, é porque ela é impulsionada pelo ar que a mão faz quando se movimenta e pelo ar que a própria bola faz refluir atrás de si quando se movimenta. Da mesma forma, os riachos são movidos pelo impulso que tomam no contato com pedrinhas sobre as quais devem passar etc.

No conjunto, vê-se o quanto as diversas manifestações deste pensamento em formação são coerentes entre si, no seu pré-logismo. Consistem todas em uma assimilação deformada da realidade à própria atividade. Os movimentos são dirigidos para um fim, porque os próprios movimentos são orientados assim; a força é ativa e substancial, porque tal é a força muscular; a realidade é animada e viva; as leis naturais têm obediência, em suma, tudo é modelado sobre o esquema do próprio eu. Estes esquemas de assimilação egocêntrica, que se expandem no jogo simbólico e dominam assim o pensamento verbal, não serão suscetíveis de acomodações mais precisas em certas situações experimentais? É o que veremos, agora, a propósito do desenvolvimento dos mecanismos intuitivos.

C. *A intuição*

Há uma coisa que surpreende no pensamento da criança: o sujeito afirma todo o tempo, sem nunca demonstrar. Note-se, aliás, que esta carência de provas decorre das características sociais da conduta nesta idade, isto é, do egocentrismo concebido como indiferenciação entre o ponto de vista próprio e o dos outros. Na verdade, quando se está frente aos outros é que se procuram provas, pois a confiança em si próprio existe antes que os outros tenham ensinado a discutir as objeções e antes que se tenha interiorizado tal conduta sob forma desta discussão interior, a que se chama reflexão. Quando fazemos perguntas a crianças de menos de sete anos, sempre nos surpreendemos pela pobreza das suas provas, pela incapacidade de motivar as afirmações e até pela dificuldade que sentem em achar por retrospecção a maneira como se conduziram. Do mesmo modo, a criança de quatro a sete anos não sabe definir os conceitos que emprega e se limita a designar os objetos correspondentes ou a definir pelo uso ("é para...") sob a dupla influência do finalismo e da dificuldade de justificação.

Pode-se objetar, sem dúvida, que a criança desta idade não possui ainda um domínio verbal acentuado, como já o possui na ação e manipulação. Isto é verdade, mas mesmo neste terreno será ela mais "lógica"? Distinguiremos dois casos: o da inteligência propriamente prática e o do pensamento tendendo ao conhecimento no campo experimental.

Existe uma "inteligência prática" que desempenha um importante papel entre dois e sete anos, prolongando, de um lado, a inteligência senso-motora do período pré-verbal e preparando, de outro lado, as noções técnicas que se desenvolverão até a idade adulta. Estudou-se bastante esta inteligência prática em formação, por meio de engenhosos dispositivos (alcançar objetivos por intermédio de instrumentos variados; varetas, ganchos, interruptores etc.) e efetivamente se constatou que a criança era muito mais adiantada nas ações do que nas palavras. Mas, mesmo neste terreno prático, encontram-se todos os tipos de comportamento primitivo, que lembram em termos de ação as condutas pré-lógicas observadas no pensamento do mesmo nível (A. Rey).

Voltando ao pensamento próprio deste período do desenvolvimento, procuraremos analisá-lo sob perspectiva não mais verbal, mas sim experimental. Como se vai comportar a criança em presença de experiências precisas, com a manipulação de um material, de tal modo que cada afirmação possa ser controlada por um contato direto com os fatos? Raciocinará logicamente ou os esquemas de assimilação vão conservar parte de seu egocentrismo, acomodando-se, tanto quanto são capazes, à experiência em curso? A análise de grande número de fatos mostrou-se definitiva. Até cerca de sete anos a criança permanece pré-lógica e suplementa a lógica pelo mecanismo da intuição; é uma simples interiorização das percepções e dos movimentos sob a forma de imagens representativas e de "experiências mentais" que prolongam, assim, os esquemas sensomotores sem coordenação propriamente racional.

Partamos de um exemplo concreto. Apresenta-se aos sujeitos seis a oito fichas azuis enfileiradas com pequenos intervalos, e pede-se-lhes para pegar outras fichas vermelhas que poderão tirar de um monte à disposição. Por volta de quatro a cinco anos em média, as crianças construirão uma fileira de fichas vermelhas de mesmo tamanho que a das azuis, mas sem se preocuparem com o número de elementos nem com a correspondência termo a termo de cada ficha vermelha com a azul. Há, aí, uma forma primitiva de intuição, que consiste em avaliar a quantidade somente pelo espaço ocupado, isto é, pelas qualidades perceptivas globais da coleção focalizada, sem se importar com a análise das relações. Por volta de cinco a seis anos, por outro lado, observa-se uma reação muito interessante: a criança coloca uma ficha vermelha em frente a cada ficha azul, concluindo, desta correspondência termo a termo, uma igualdade das duas coleções. No entanto, se afastarmos um pouco as fichas extremas da fileira das vermelhas, de modo a que não fiquem exatamente debaixo das azuis, um pouco ao lado, a criança que viu que não se tirou nem acrescentou nada, avalia que as duas coleções não são iguais e afirma que a fileira mais longa contém "mais fichas". Colocando-se, simplesmente, uma das fileiras em um pacote sem tocar na outra, a equivalência das duas coleções perde mais ainda. Em suma, há equivalência enquanto existe correspondência visual ou ótica. A igualdade não se conserva por correspondência alógica, não havendo, portanto, uma operação racional, mas sim uma simples intuição. Esta é articulada e não mais global, permanecendo ainda intuitiva, isto é, submetida ao primado da percepção.

Em que consistem tais intuições? Dois outros exemplos nos farão compreendê-las. 1º Tomam-se três bolas de cores diferentes A, B e C, que circulam em um tubo. Vendo-as partir na ordem ABC, as crianças esperam encontrá-las no outro extremo do tubo na mesma ordem ABC. A intuição é, portanto, exata. Mas se se inclina o tubo no sentido de volta? Os mais jovens não preveem a ordem CBA e ficam surpresos ao constatarem-na. Quando conseguem prevê-la por uma intuição articulada, imprime-se então ao tubo um movimento de semirrotação. Trata-se agora de compreender que a ida dará, daí por diante, CBA, e a volta, ABC. Mas eles não entendem, e, além disso, constatando que ora A, ora C, sai na frente, esperam que apareça depois em primeiro lugar a bola intermediária B. 2º Dois móveis seguem o mesmo trajeto na mesma direção, um ultrapassando o outro. Em qualquer idade, a criança conclui que "vai mais depressa". Mas, se o primeiro percorre no mesmo tempo um caminho mais longo sem alcançar o segundo, ou se andam em sentido inverso, ou ainda, se seguem um em frente do outro duas pistas circulares concêntricas, a criança não compreende mais essa desigualdade de rapidez, mesmo se as diferenças dadas entre os caminhos percorridos são bem grandes. A intuição de rapidez reduz-se, então, à da ultrapassagem efetiva e não chega à relação do tempo e do espaço transpostos.

Em que consistem, então, estas intuições elementares da correspondência espacial ou ótica, da ordem direta ABC ou ultrapassagem? Elas são apenas esquemas perceptivos ou esquemas de ação, esquemas senso-motores, portanto, mas transpostos ou interiorizados como representações. São imagens ou imitações da realidade, a meio caminho entre a experiência efetiva e a "experiência mental", não se constituindo ainda em operações lógicas passíveis de serem generalizadas e combinadas entre si.

E que falta a estas intuições para se tornarem operatórias e se transformarem, assim, em sistema lógico? Simplesmente, prolongar a ação já conhecida do sujeito nos dois sentidos, de maneira a tornar estas intuições móveis e reversíveis. A característica das intuições primárias é a rigidez e a irreversibilidade; elas são comparáveis a esquemas perceptivos e a atos habituais globais que não podem ser revertidos. Todo hábito, na verdade, é irreversível: escreve-se da esquerda para a direita, por exemplo, e seria preciso toda uma nova aprendizagem para se conseguir bom resultado da direita para a esquerda (e vice-versa, para os árabes). O mesmo acontece com as percepções, que seguem o curso das coisas e com os atos da inteligência senso-motora, que tendem, também elas, para um fim e não voltam atrás (a não ser em certos casos especiais). Portanto, é normal que o pensamento da criança comece por ser irreversível, e especialmente, quando ela interioriza percepções e movimentos sob forma de experiências mentais, estes permanecem pouco móveis e pouco reversíveis. A intuição primária é apenas um esquema senso-motor transposto como ato do pensamento, herdando-lhe, naturalmente, as características. Mas estas constituem uma aquisição positiva, bastando prolongar esta ação interiorizada, no sentido da mobilidade reversível, para transformá-la em "operação".

A intuição articulada avança nesta direção. Enquanto a intuição primária é apenas uma ação global, a intuição articulada a ultrapassa na dupla direção de uma antecipação das consequências desta ação e de uma reconstituição dos estados anteriores. Sem dúvida, ela permanece ainda irreversível. Basta alterar uma correspondência ótica para que a criança não possa arranjar os elementos na sua ordem primitiva no pensamento. É suficiente dar meia-volta ao tubo para que a ordem inversa escape ao sujeito etc. Mas o início desta antecipação e reconstituição prepara a reversibilidade, constituindo uma regulação das instituições iniciais; esta regulação prenuncia as operações. A intuição articulada é, portanto, suscetível de atingir um nível de equilíbrio mais estável e mais móvel ao mesmo tempo do que a ação senso-motora sozinha, residindo aí o grande progresso do pensamento próprio deste estágio sobre a inteligência que precede a linguagem. Comparada à lógica, a intuição, do ponto de vista do equilíbrio, é menos estável, dada a ausência de reversibilidade; mas, em relação aos atos pré-verbais, representa uma autêntica conquista.

D. *A vida afetiva*

As transformações da ação provenientes do início da socialização não têm importância apenas para a inteligência e para o pensamento, mas repercutem também profundamente na vida afetiva. Como já entrevimos, desde o período pré-verbal, existe um estreito paralelismo entre o desenvolvimento da afetividade e o das funções intelectuais, já que estes são dois aspectos indissociáveis de cada ação. Em toda conduta, as motivações e o dinamismo energético provêm da afetividade, enquanto as técnicas e o ajustamento dos meios empregados constituem o aspecto cognitivo (senso-motor ou racional). Nunca há ação puramente intelectual (sentimentos múltiplos intervêm, por exemplo: na solução de um problema matemático, interesses, valores, impressão de harmonia etc.), assim como também não há atos que sejam puramente afetivos (o amor supõe a compreensão). Sempre e em todo lugar, nas condutas relacionadas tanto a objetos como a pessoas, os dois elementos intervêm, porque se implicam um ao outro. Existem apenas espíritos que se interessam mais pelas pessoas do que pelas coisas ou abstrações, enquanto com outros se dá o inverso. Isto faz com que os primeiros pareçam mais sentimentais e os outros mais secos, mas trata-se, apenas, de condutas e sentimentos que implicam necessariamente ao mesmo tempo a inteligência e a afetividade.

No nível de desenvolvimento que consideramos agora, as três novidades afetivas essenciais são o desenvolvimento dos sentimentos interindividuais (afeições, simpatias e antipatias) ligados à socialização das ações, a aparição de sentimentos morais intuitivos, provenientes das relações entre adultos e crianças, e as regularizações de interesses e valores, ligadas às do pensamento intuitivo em geral.

Comecemos por este terceiro aspecto, que é o mais elementar. O interesse é o prolongamento das necessidades. É a relação entre um objeto e uma necessidade, pois um objeto torna-se interessante na medida em que corresponde a uma necessidade. Assim sendo, o interesse é a orientação própria a todo ato de assimilação mental. Assimilar, mentalmente, é incorporar um objeto à atividade do sujeito, e esta relação de incorporação entre o objeto e o eu não é outra que o interesse no sentido mais direto do termo ("interesse"). Assim sendo, o interesse começa com a vida psíquica, propriamente dita, e desempenha, em particular, papel essencial no desenvolvimento da inteligência senso-motora. Mas, com o desenvolvimento do pensamento intuitivo, os interesses se multiplicam e se diferenciam, dando lugar a uma dissociação progressiva entre os mecanismos energéticos, que o interesse implica, e os próprios valores que este produz.

O interesse apresenta-se, como se sabe, sob dois aspectos complementares. De um lado, é regulador de energia, como mostrou Claparède. Sua intervenção mobiliza as reservas internas de força, bastando que um trabalho interesse para parecer fácil e para que a fadiga diminua. É por isto que, por exemplo, os escolares alcançam um rendimento infinitamente melhor quando se apela para seus interesses e quando os conhecimentos propostos correspondem às suas necessidades. Mas, por outro lado, o interesse implica um sistema de valores, que a linguagem corrente designa por "interesses" (em oposição a "interesse") e que se diferenciam, precisamente, no decurso do desenvolvimento mental, determinando finalidades sempre mais complexas para a ação. Ora, estes valores dependem de um outro sistema de regulações, que comanda as regulações das energias interiores sem delas depender diretamente e que tende a assegurar ou restabelecer o equilíbrio do eu, completando sem cessar a atividade pela incorporação de novas forças ou de novos elementos exteriores. É assim que, durante a primeira infância, se notam interesses através das palavras, do desenho, das imagens, dos ritmos, de certos exercícios físicos etc. Todas estas realidades adquirem valor para o sujeito na medida de suas necessidades, estas dependendo do equilíbrio mental momentâneo e sobretudo das novas incorporações necessárias à sua manutenção.

Aos interesses ou valores relativos à própria atividade estão ligados de perto os sentimentos de autovalorização: os famosos "sentimentos de inferioridade ou de superioridade". Todos os sucessos e fracassos da atividade se registram em uma espécie de escala permanente de valores, os primeiros elevando as pretensões do sujeito e os segundos abaixando-as com respeito às ações futuras. Daí resulta um julgamento de si mesmo para o qual o indivíduo é conduzido pouco a pouco e que pode ter grandes repercussões sobre todo o desenvolvimento. Certas ansiedades, em particular, resultam de fracassos reais e, sobretudo, imaginários.

Mas o sistema constituído por estes múltiplos valores condiciona sobretudo as relações afetivas interindividuais. Do mesmo modo que o pensamento intuitivo ou representativo está ligado, graças à linguagem e à existência dos signos verbais, às trocas intelectuais entre os indivíduos, também os sentimentos espontâneos de pessoa para pessoa nascem de uma troca, cada vez mais rica, de valores. Desde que se torna possível a comunicação entre a criança e o seu ambiente, um jogo sutil de simpatias e antipatias vai-se desenvolver, completando e diferenciando indefinidamente os sentimentos elementares já observados no decorrer do estágio precedente. Como regra geral, haverá simpatia em relação às pessoas que respondem aos interesses do sujeito e que o valorizam. A simpatia, então, de um lado supõe uma valorização mútua e, de outro, uma escala de valores comum que permita as trocas. É o que a linguagem exprime, dizendo que as pessoas se gostam: "concordam entre si", "têm os mesmos gostos" etc. É, portanto, com base nesta escala comum que se efetuam as valorizações mútuas. Inversamente, a antipatia nasce da ausência de gostos comuns e da escala de valores comuns. Basta observar a criança na escolha de seus primeiros companheiros ou na reação a adultos estranhos à família, para se poder seguir o desenvolvimento das valorizações interindividuais. Quanto ao amor da criança por seus pais, os laços de sangue estão longe de poder explicá-lo, se não se considerar esta íntima comunidade de valorização que faz com que todos os valores das crianças sejam moldados à imagem de seu pai e de sua mãe. Ora, entre os valores interindividuais assim constituídos, existem alguns especialmente importantes; são os que a criança reserva para aqueles que julga como superiores a si, algumas pessoas mais velhas e seus pais. Um sentimento especial corresponde a estas valorizações unilaterais: é o respeito, que é um composto de afeição e temor, estabelecendo este segundo a desigualdade que intervém em tal relação afetiva. O respeito, como Bovet já mostrou, está na origem dos primeiros sentimentos morais. Com efeito, é suficiente que os seres respeitados deem aos que os respeitam ordens e sobretudo avisos, para que estas sejam sentidas como obrigatórias e produzam assim o sentimento do dever. A primeira moral da criança é a da obediência e o primeiro critério do bem é durante muito tempo, para os pequenos, a vontade dos pais.[1]

---

[1] Isto é verdadeiro, mesmo se a criança não obedece, de fato, como acontece durante este período de resistência que se observa, muitas vezes, por volta de três a quatro anos e que os autores alemães designaram por *Trotzalter*.

Então, os valores morais assim concebidos são valores normativos, no sentido que não são mais determinados por simples regulações espontâneas como as simpatias ou antipatias, mas graças ao respeito, por regras propriamente ditas. Mas, deve-se concluir que, desde a primeira infância, os sentimentos interindividuais são suscetíveis de alcançar o nível daquilo que chamaremos a seguir de operações afetivas em comparação com as operações lógicas? Ou, melhor, os sistemas de valores morais se implicam um ao outro, racionalmente, como é o caso em uma consciência moral autônoma? Não parece, pois os primeiros sentimentos morais da criança permanecem intuitivos, à maneira do pensamento próprio a todo este período do desenvolvimento. A moral da primeira infância fica, com efeito, essencialmente heterônoma, isto é, dependente de uma vontade exterior, que é a dos seres respeitados ou dos pais. É interessante, a esse respeito, analisar as valorizações da criança em um campo moral bem definido, como é o caso da mentira. Graças ao mecanismo do respeito unilateral, a criança aceita e reconhece a regra de conduta que impõe a veracidade antes de compreender, por si só, o valor da verdade, assim como a natureza da mentira. Por seus hábitos de jogo e imaginação e por toda a atitude espontânea de seu pensamento, que afirma sem provas e assimila o real à própria atividade sem se importar com a verdadeira objetividade, a criança é levada a deformar a realidade e submetê-la a seus desejos. Acontece-lhe, assim, deturpar uma verdade sem se aperceber, constituindo o que se chama "pseudomentira" das crianças (o *Scheinlüge* de Stern). No entanto, ela aceita a regra de veracidade e reconhece como legítimo que a repreendam ou punam por suas próprias mentiras. Mas, como ele avalia as últimas? Primeiramente, as crianças afirmam que a mentira não tem nada de "ruim" quando é dirigida a companheiros, o que só é repreensível quando em relação aos adultos, já que são estes que a proíbem. Mas, em seguida, e sobretudo, imaginam que uma mentira é tanto pior quando a afirmação falsa se distancia mais da realidade, e isto independentemente das intenções em jogo. Pede-se, por exemplo, à criança para comparar duas mentiras: contar à sua mãe que tirou boa nota na escola quando, na verdade, não havia prestado exames, ou contar, após ter sido amedrontada por um cachorro, que este era grande como uma vaca. As crianças compreendem bem que a primeira destas mentiras é destinada a obter, indevidamente, uma recompensa, enquanto a segunda é apenas um simples exagero. No entanto, a primeira parece "menos ruim", porque acontece que ela tem boas notas e, sobretudo, porque, a afirmação sendo verossímil, a própria mãe poderia ter-se enganado. A segunda "mentira", ao contrário, é pior, e merece castigo mais exemplar, porque "nunca acontece que um cachorro seja tão grande". Estas reações, que parecem tão gerais (foram, particularmente, confirmadas há pouco em estudo realizado na Universidade de Louvain), são muito importantes. Mostram o quanto os primeiros valores morais são moldados na regra recebida, graças ao respeito unilateral, e que esta regra é tomada ao pé da letra e não em sua essência. Para que os mesmos valores se organizem em um sistema coerente em geral, será preciso que os sentimentos morais consigam uma certa autonomia, sendo, então, necessário que o respeito cesse de ser unilateral e se torne mútuo. É em particular quando este sentimento se desenvolve entre companheiros ou iguais, que a maneira a um amigo será sentida também como tão "ruim" ou pior ainda que a da criança para o adulto.

Em suma, interesses, autovalorizações, valores interindividuais espontâneos e valores intuitivos parecem ser as principais cristalizações da vida afetiva própria a este nível do desenvolvimento.

III. A INFÂNCIA DE SETE A DOZE ANOS

A idade média de sete anos, que coincide com o começo da escolaridade da criança, propriamente dita, marca uma modificação decisiva no desenvolvimento mental. Em cada um dos aspectos complexos da vida psíquica, quer se trate da inteligência ou da vida afetiva, das relações sociais ou da atividade propriamente individual, observa-se o aparecimento de formas de organizações novas, que completam as construções esboçadas no decorrer do período precedente, assegurando-lhes um equilíbrio mais estável e que também inauguram uma série ininterrupta de novas construções.

Seguiremos, para nos guiar neste labirinto, a mesma marcha que anteriormente, partindo da ação global tanto individual como social, analisando, em seguida, os aspectos intelectuais e depois afetivos deste desenvolvimento.

A. *Os progressos da conduta e da socialização*

Quando se visitam as diversas classes em um colégio "ativo", onde é dada às crianças a liberdade de trabalhar tanto em grupos como isoladamente e de falar durante o trabalho, fica-se surpreso com a diferença entre os meios escolares superiores a sete anos e as classes inferiores. Nos pequenos, não se consegue distinguir com nitidez a atividade privada da feita em colaboração. As crianças falam, mas não podemos saber se se escutam. Acontece que vários se dediquem ao mesmo trabalho, mas não sabemos se realmente existe ajuda mútua. Observando os maiores, em seguida, fica-se surpreendido por um duplo progresso: concentração individual, quando o sujeito trabalha sozinho, e colaboração efetiva quando há vida comum. Ora, estes dois aspectos da atividade que se iniciam por volta de sete anos são, na verdade, complementares e resultam das mesmas causas. São de tal modo solidários que, à primeira vista, é difícil dizer se é porque a criança se tornou capaz de uma certa reflexão que consegue coordenar suas ações com as dos outros, ou se é o progresso da socialização que faz com que o pensamento seja reforçado por interiorização.

Do ponto de vista das relações interindividuais, a criança, depois dos sete anos, torna-se capaz de cooperar, porque não confunde mais seu próprio ponto de vista com o dos outros, dissociando-os mesmo para coordená-los. Isto é visível na linguagem entre crianças. As discussões tornam-se possíveis, porque comportam compreensão a respeito dos pontos de vista do adversário e procura de justificações ou provas para a afirmação própria. As explicações mútuas entre crianças se desenvolvem no plano do pensamento e não somente no da ação material. A linguagem "egocêntrica" desaparece quase totalmente e os propósitos espontâneos da criança testemunham, pela própria estrutura gramatical, a necessidade de conexão entre as ideias e de justificação lógica.

Quanto ao comportamento coletivo das crianças, constata-se depois dos sete anos notável mudança nas atitudes sociais como, por exemplo, no caso dos jogos com regra. Sabe-se que uma brincadeira coletiva, como a das bolas de gude, supõe um grande e variado número de regras, sobre o modo de jogar as bolas, as localizações, a ordem sucessiva dos lançamentos, os direitos de apropriação no caso de ganhar etc. Ora, trata-se de um jogo que, no nosso país pelo menos, permanece exclusivamente infantil e termina no fim da escola primária. Todo este corpo de regras, com a jurisprudência necessária à sua aplicação, constitui uma instituição própria às crianças, mas que se transmite de geração em geração com uma força de conservação surpreendente. Na primeira infância, os jogadores de quatro a seis anos procuram imitar os exemplos dos mais velhos e observam mesmo algumas regras; mas cada um só conhece uma parte delas e durante o jogo não se importa com as regras do vizinho, quando este é da mesma idade. Na verdade, cada qual joga à sua maneira, sem coordenação nenhuma. Quando se pergunta aos pequenos quem ganhou no fim da partida, ficam bastante surpreendidos, pois todo mundo ganha, e ganhar significa ter se divertido bastante. Ao contrário, os jogadores a partir de sete anos apresentam um duplo progresso. Sem conhecer ainda de cor todas as regras do jogo asseguram-se, ao menos, da unidade das regras admitidas durante uma mesma partida e se controlam uns aos outros, de modo a manter a igualdade frente a uma lei única. Por outro lado, o termo "ganhar" assume sentido coletivo: é ser bem-sucedido depois de uma competição com regras. É claro que o reconhecimento da vitória de um jogador sobre os outros, assim como o direito de ganhar as bolas de gude como recompensa, supõem discussões, bem orientadas e definitivas.

Em estreita conexão com os progressos sociais, assiste-se a transformações de ação individual, em que causa e efeitos se confundem. O essencial é que a criança se torna suscetível a um começo de reflexão. Em vez das condutas impulsivas da primeira infância, acompanhadas da crença imediata e do egocentrismo intelectual, a criança, a partir de sete ou de oito anos, pensa antes de agir, começando, assim, a conquista deste processo difícil que é a reflexão. Mas uma reflexão é apenas uma deliberação interior, isto é, uma discussão que se tem consigo mesmo, do modo como se agiria com interlocutores ou opositores reais e exteriores. Pode-se, então, por um lado, dizer que a reflexão é uma conduta social de discussão interiorizada (como o pensamento que supõe uma linguagem interior, portanto interiorizada), de acordo com a lei geral, segundo a qual se acabam por aplicar a si próprio as condutas adquiridas em função de outros, ou, por outro lado, que a discussão socializada é apenas uma reflexão exteriorizada. Na realidade, tal problema, como todos os análogos, leva à questão qual nasceu primeiro: a galinha ou o ovo, já que toda conduta humana é ao mesmo tempo social e individual.

O essencial destas constatações é que, sob este duplo aspecto, a criança de sete anos começa a se liberar de seu egocentrismo social e intelectual, tornando-se, então, capaz de novas coordenações, que serão da maior importância, tanto para a inteligência quanto para a afetividade. Para a inteligência, trata-se do início da construção lógica, que constitui, precisamente, o sistema de relações que permite a coordenação dos pontos de vista entre si. Estes pontos de vista são tanto aqueles que correspondem a indivíduos diferentes como aqueles correspondentes a percepções ou intuições sucessivas do mesmo indivíduo. Para a afetividade, o mesmo sistema de coordenações sociais e individuais produz uma moral de cooperação e de autonomia pessoal, em oposição à moral intuitiva de heteronomia característica das crianças. Ora, este novo sistema de valores representa, no campo afetivo, o equivalente da lógica para a inteligência. Os instrumentos mentais que vão permitir esta dupla coordenação, lógica e moral, são constituídos pela operação, no tocante à inteligência, e pela vontade, no plano afetivo. Como veremos, são duas realidades novas, muito próximas uma da outra, já que resultam de uma mesma inversão ou conversão do egocentrismo primitivo.

B. *Os progressos do pensamento*

Quando as formas egocêntricas de causalidade e de representação do mundo, ou seja, aquelas moldadas na própria atividade, começam a declinar sob a influência dos fatores que acabamos de ver, aparecem novas formas de explicação, procedentes, em certo sentido, das anteriores, embora corrigindo-as. É surpreendente constatar que, entre as primeiras a aparecer, há algumas semelhantes àquelas adotadas pelos gregos, exatamente na época do declínio das explicações mitológicas.

Uma das formas mais simples destas relações racionais de causa e efeito é a explicação por identificação. Lembremo-nos do animismo e artificialismo misturados, do período precedente. No caso da origem dos astros (pergunta estranha de se fazer a uma criança, embora aconteça que elas próprias a façam muitas vezes, espontaneamente), estes tipos primitivos de causalidade levam a dizer, por exemplo, que "o sol nasceu porque nós nascemos", e que "ele cresce porque nós crescemos". Ora, com a diminuição deste egocentrismo grosseiro, a criança, embora mantenha a ideia do crescimento dos astros, não os considera mais como uma construção humana ou antropomórfica, e, sim, como corpos naturais, cuja formação parece mais clara, à primeira vista. Assim é que o sol e a lua saíram das nuvens, são pedacinhos de nuvem incandescentes que se desenvolveram (e "as luas" se desenvolvem claramente aos nossos olhos!). As próprias nuvens provêm da fumaça ou do ar. As pedras são formadas de terra, e esta de água etc. Finalmente, quando estes corpos não têm mais um crescimento à semelhança dos seres vivos, estas filiações aparecem para a criança não mais como processo de ordem biológica, mas como transmutações propriamente ditas. Nota-se, com frequência, a relação entre estes fatos e a explicação por redução das matérias umas às outras, em voga na escola de Mileto (embora a "natureza" ou *physis* das coisas fosse, para estes filósofos, uma espécie de crescimento, e o seu "hilozoísmo" não estivesse longe do animismo infantil).

Em que consistem estes primeiros tipos de explicação? Devemos admitir que, nas crianças, o animismo dá lugar a uma espécie de causalidade, fundada no princípio de identidade, como se este célebre princípio lógico dominasse a razão, como certos filósofos nos quiseram fazer acreditar? Certamente, há nesses desenvolvimentos a prova de que a assimilação egocêntrica (princípio do animismo, finalismo e artificialismo) está em vias de se transformar em assimilação racional, isto é, em estruturação da realidade pela própria razão, sendo esta assimilação racional bem mais complexa que uma identificação pura e simples.

Mas se, em vez de seguir as crianças nas suas perguntas a respeito destas realidades afastadas ou impossível de manipular, como os astros, as montanhas ou as águas, sobre as quais o pensamento só pode permanecer verbal, se lhe perguntarmos sobre fatos tangíveis e palpáveis, maiores surpresas nos estão reservadas. Descobre-se que, desde os sete anos, a criança se torna capaz de construir explicações atomísticas, isto na época em que começa a saber contar. Continuando com a nossa comparação inicial, lembremo-nos de que os gregos inventaram o atomismo, logo depois de terem especulado sobre a transmutação das substâncias. Observemos, sobretudo, que o primeiro dos atomistas foi sem dúvida Pitágoras, que acreditava na composição dos corpos na base de números materiais, ou pontos descontínuos da substância. Com muito poucas exceções (que, no entanto, existem), a criança não generaliza, diferindo dos filósofos gregos na medida em que não constrói sistema. Mas, quando a experiência se presta, ela recorre a um atomismo explícito e até bastante racional.

A experiência mais simples a esse respeito consiste em apresentar à criança dois copos de água de formas semelhantes e dimensões iguais, cheios até uns três quartos. Em um deles jogamos dois pedaços de açúcar, perguntando, antes, se a água vai subir. Uma vez imerso o açúcar, constata-se o novo nível e pesam-se os dois copos, de modo a realçar que a água contendo o açúcar pesa mais que a outra. Pergunta-se, então, enquanto o açúcar se dissolve: 1º se, uma vez dissolvido, ainda ficará alguma coisa na água; 2º se o peso ficará mais ou igual ao da água clara e pura; 3º se o nível da água açucarada abaixará até se igualar com o do outro copo, ou se permanecerá como está. Pergunta-se o porquê de todas as afirmações da criança e, depois, terminada a dissolução, retoma-se a conversa, após constatar a permanência do peso e volume (do nível) da água açucarada. As reações observadas nas diferentes idades foram extremamente claras; a ordem de sucessão foi tão regular, que se pode extrair destas perguntas considerações diagnósticas para o estudo dos atrasos mentais. Primeiramente, os menores de sete anos negam, em geral, qualquer conservação do açúcar dissolvido, e *a fortiori* do peso e do volume a ele ligados. Para eles, o fato de o açúcar derreter implica sua total exterminação e, portanto, na sua desaparição da realidade. Segundo os mesmos sujeitos, permanece o gosto de água com açúcar, mas vai desaparecer em algumas horas ou dias, como um odor, ou, mais exatamente, como uma sombra atrasada, destinada ao nada. Por volta de sete anos, ao contrário, o açúcar derretido permanece na água, isto é, existe uma conservação da substância. Mas, sob que forma? Para certos sujeitos, transforma-se em água ou se liquefaz em um xarope que se mistura à água: é a explicação por transmutação de que falamos acima. Mas, para os mais adiantados, acontece outra coisa. Vê-se, diz a criança, o pedaço que se desfaz em "pedacinhos" durante a dissolução. Basta admitir, então, que estes "pedacinhos" se tornam cada vez menores, para se compreender que existem na água sob forma de "bolinhas" invisíveis. "É isto que dá o gosto açucarado", acrescentam os sujeitos. O atomismo, então, nasceu sob a forma de uma "metafísica da poeira" ou do pó, como disse um filósofo francês. Mas é um atomismo ainda qualitativo, já que estas "bolinhas" não têm nem peso nem volume, e que a criança espera o desaparecimento do primeiro e a baixa do nível da água depois da dissolução. No curso de uma etapa seguinte, cuja aparição se observa por volta de nove anos, a criança faz o mesmo raciocínio, no tocante à substância, mas acrescenta um progresso essencial. Cada uma das bolinhas terá seu peso e, somando todos estes pesos parciais, vai-se encontrar o peso dos dois pedaços imersos inicialmente. Por outro lado, embora sejam capazes de uma explicação tão sutil para afirmar *a priori* a conservação do peso, falham para o volume e esperam que o nível da água diminua depois da dissolução. Finalmente, por volta de onze a doze anos, a criança generaliza seu esquema explicativo para o próprio volume, e declara que as bolinhas ocupam cada uma um lugar, sendo a soma dos espaços igual à dos pedaços imersos, de maneira que o nível não desça mais.

Assim é o atomismo infantil. Este não é o único exemplo. As mesmas explicações são obtidas em sentido inverso, quando se faz dilatar, frente a uma criança, um grão de milho americano colocado sobre uma chapa quente. Para os menores, a substância aumenta; aos sete anos, conserva-se sem crescer, mas incha e o peso muda; de nove a dez anos, o peso se conserva, mas nunca o volume; e por volta de doze anos, como a farinha é composta de grãos invisíveis, de volume constante, estes grãos se afastam simplesmente uns dos outros separados pelo ar quente.

Este atomismo é digno de nota, não tanto pela representação dos grânulos, sugerida pela experiência do pó ou da farinha, mas em função do processo dedutivo de composição que revela. O todo é explicado pela composição das partes, e esta supõe, então, operações reais de segmentação ou divisão e, inversamente, de reunião ou adição, assim como deslocamentos por concentração ou afastamento (sempre como nos pré-socráticos!). Além disso, supõe, sobretudo, verdadeiros princípios de conservação, o que torna evidente que as operações em jogo são agrupadas em sistemas fechados e coerentes, cujas conservações representam as "invariantes".

As noções de permanência, cuja primeira manifestação acabamos de constatar, são sucessivamente as da substância, peso e volume. Ora, é fácil encontrá-las em outras experiências. Por exemplo, dá-se à criança duas bolinhas de massa para modelar, de mesmo tamanho e peso. Uma é logo deformada em panqueca, em salsicha ou cortada em pedaços. Antes de sete anos, a criança admite a constância da matéria em jogo, acreditando ainda na variação das outras qualidades; por volta de nove anos, reconhece a conservação do peso, mas não a do volume; e por volta de onze-doze anos, a do volume (por deslocamentos do nível, no caso de imersão de objetos em dois copos de água). Sobretudo, é fácil mostrar que, desde os sete anos, são adquiridos sucessivamente outros princípios que faltavam completamente nos pequenos. Estes marcam bem o desenvolvimento do pensamento: a conservação dos comprimentos, no caso de deformação dos caminhos percorridos, conservação das superfícies, dos conjuntos descontínuos etc. Estas noções de invariância são o equivalente, no plano do pensamento, daquilo que vimos acima com respeito à construção senso-motora do esquema do "objeto", invariante prática da ação.

Como, então, se elaboram estas noções de conservação, que diferenciam tão profundamente o pensamento da segunda infância daquele anterior a sete anos? Exatamente à semelhança do próprio atomismo ou, para falar de maneira mais genérica, como explicação causal por composição partitiva. Resultam, portanto, de um jogo de operações, coordenadas entre si em sistemas de conjuntos, e cuja propriedade mais notável, em oposição ao pensamento intuitivo da primeira infância, é a de serem reversíveis. Com efeito, a verdadeira razão, que leva as crianças deste período a admitir a conservação de uma substância, ou de um peso etc., não é a identidade (os menores veem tão bem quanto os grandes que "não se tirou nem acrescentou nada"), mas, sim, a possibilidade de retorno vigoroso ao ponto de partida. Assim sendo, a panqueca pesa tanto quando a bola, dizem eles, porque você pode fazer uma bola com a panqueca. Veremos, mais adiante, a significação verdadeira destas operações, cujo resultado é, portanto, corrigir a intuição perceptiva, vítima, sempre, das ilusões momentâneas e, por consequência, de "descentralizar" o egocentrismo, se assim se pode dizer, para transformar as relações imediatas em um sistema coerente de relações objetivas.

Mas, antes, assinalemos ainda as grandes conquistas do pensamento assim transformado: as de tempo (e com ele o de velocidade e espaço), além da causalidade e noções de conservação, como esquemas gerais do pensamento, e não mais, simplesmente, como esquemas de ação ou intuição.

O desenvolvimento das noções de tempo durante a evolução mental da criança levanta os problemas mais curiosos, em conexão com as perguntas colocadas pela ciência mais moderna. É claro que, em qualquer idade, a criança saberá dizer que um móvel, que percorre o caminho ABC..., estava em A "antes" de estar em B ou C, e que leva "mais tempo" para percorrer o trajeto AC que o AB. Porém, é mais ou menos a isto que se limitam as intuições temporais da primeira infância, e se se comparar dois móveis, um com o outro, seguindo caminhos paralelos, mas com velocidades diferentes, constata-se: 1º os menores não têm a intuição da simultaneidade dos pontos de chegada, pois não compreendem a existência de um tempo comum aos dois movimentos; 2º eles não têm a intuição da igualdade dos dois intervalos sincrônicos, e isto pela mesma razão; 3º eles não relacionam os intervalos e as sucessões: admitem que um menino X é mais jovem que um Y, por exemplo, embora não concluam que o segundo, necessariamente, nasceu "depois" do outro. Como se forma, então, o tempo? Por coordenações de operações análogas àquelas que acabam de ser estudadas: os acontecimentos serão colocados em ordem de sucessão de um lado, e simultaneidade das durações concebidas como intervalos entre estes acontecimentos, ficando os dois sistemas, então, coerentes, já que ligados entre si.

Quanto à velocidade, os pequenos têm, em todas as idades, a intuição correta de que um móvel ultrapassa outro porque vai mais rápido. Mas, basta que não haja mais ultrapassagem visível (escondendo os móveis sob túneis de diferentes tamanhos ou tornando as pistas diferentes, circulares e concêntricas) para que a intuição de velocidade seja falseada. A noção racional de velocidade, ao contrário, concebida como uma relação entre tempo e espaço percorrido, se elabora em conexão com o tempo, por volta de oito anos mais ou menos.

Resta a construção do espaço, cuja importância é imensa, tanto para a compreensão das leis do desenvolvimento quanto para as aplicações pedagógicas, reservadas a este gênero de estudos. Infelizmente, se conhecemos razoavelmente o desenvolvimento desta noção, sob a forma de esquema prático, durante os dois primeiros anos, o estado das pesquisas relativas à geometria espontânea da criança está longe de estar tão avançado quanto para as noções precedentes. Tudo o que pode ser dito é que as ideias fundamentais de ordem, continuidade, distância, comprimento, medida etc., na pequena infância, só dão lugar a intuições, extremamente limitadas e deformadas. O espaço primitivo não é homogêneo, nem isótropo (apresenta dimensões privilegiadas), nem contínuo etc. Sobretudo, está centrado no sujeito, em vez de ser representável sob qualquer ponto de vista. É, de novo, depois dos sete anos que um espaço racional começa a se construir, e isto se faz por meio das mesmas operações gerais, cuja formação, propriamente dita, vamos agora estudar.

C. *As operações racionais*

As operações do pensamento, depois dos sete anos, correspondem à intuição, que é a forma superior de equilíbrio que o pensamento atinge na primeira infância. É por este motivo que o núcleo operatório da inteligência merece um exame detalhado, já que seu estudo fornece a chave de uma parte essencial do desenvolvimento mental.

Convém, primeiramente, notar que a noção de operação se aplica a realidades bem diversas, embora bem definidas. Existem operações lógicas, como as que compuseram um sistema de conceitos ou classes (reunião de indivíduos) ou de relações; operações aritméticas (adição, multiplicação etc.), e seus inversos; operações geométricas (seções, deslocamentos etc.); temporais (seriação dos acontecimentos, e, portanto, de suas sucessões, e simultaneidade de intervalos), mecânicas, físicas etc. Uma operação é então, psicologicamente, uma ação qualquer (reunir indivíduos ou unidades numéricas, deslocar etc.), cuja origem é sempre motora, perceptiva ou intuitiva. Estas ações, que são, no ponto de partida, operações, têm, assim, elas próprias, por raízes, esquemas senso-motores, experiências afetivas ou mentais (intuitivas), constituindo, antes de se tornarem operatórias, matérias mesmas da inteligência sensomotora e, depois, da intuição. Mas, como se explica a passagem das intuições para as operações? As primeiras se transformam nas segundas, desde que constituam sistemas de conjuntos, ao mesmo tempo, passíveis de composição e revisão. Ou, melhor, de maneira geral, as ações tornam-se operatórias, logo que duas ações do mesmo gênero possam compor uma terceira, que pertence ainda a este gênero, e desde que estas diversas ações possam ser invertidas. Assim é que a ação de reunir (adição lógica ou adição aritmética) é uma operação, porque várias reuniões sucessivas equivalem a uma só reunião (composição das adições) e as reuniões podem ser invertidas em dissociações (subtração).

Ora, é importante constatar que, por volta de sete anos, se constitui, precisamente, toda uma série destes sistemas de conjunto, que transformam as intuições em operações de todas as espécies. É o que explica as transformações do pensamento, analisadas acima. Sobretudo, é surpreendente ver como estes sistemas, por uma espécie de organização total e às vezes muito rápida, se constituem sempre em função da totalidade das operações do mesmo gênero, não existindo nenhuma operação em estado de isolamento. Por exemplo, um conceito ou uma classe lógica (reunião de indivíduos) não se constrói isoladamente, mas necessariamente no interior de uma classificação de conjunto, do qual representa uma parte. Uma relação lógica de família (irmão, tio etc.) só é compreendida em função de um conjunto de relações análogas, cuja totalidade constitui um sistema de parentesco. Os números não aparecem como independentes uns dos outros (3, 10, 2, 5 etc.) e só são tomados como elementos de uma série ordenada 1, 2, 3 etc. Os valores só existem, portanto, em função de um sistema total ou "escala de valores". Uma relação assimétrica, como BC, só é inteligível quando relacionada com uma seriação de conjunto possível: O ABCD... etc. Ainda mais importante é o fato de os sistemas de conjunto só se formarem no pensamento da criança em conexão com uma reversibilidade precisa das operações, adquirindo, assim, uma estrutura definida e acabada.

Um exemplo especialmente claro é o da seriação qualitativa ABC... etc. Em todas as idades, uma criança saberá distinguir dois bastões pelo comprimento e julgar que o elemento B é maior que o A. Mas, na primeira infância, isto é apenas uma relação perceptiva ou intuitiva, e não operação lógica. Com efeito, se se mostra primeiro AB, depois os dois bastões BC, escondendo A sob a mesa, e se pergunta se A (que havíamos comparado a B) é maior ou menor que C (que está sobre a mesa com B), a criança se recusa a concluir (contanto que, naturalmente, as diferenças não sejam muito grandes e não subsistam na memória, ligadas às imagens-lembranças) e pede para vê-los juntos, pois não sabe deduzir AC de AB e de BC. Quando saberá efetuar esta dedução? Somente quando souber construir uma série ou escala de bastões sobre a mesa e, coisa curiosa, elas não o conseguem antes dos seis ou sete anos. É evidente que, desde cedo, saberá ordenar os bastões de comprimentos diferentes, porém, limita-se, então, a arrumá-los em forma de escada, isto é, de uma figura perceptiva. Por outro lado, se os comprimentos diferem pouco, tornando-se necessário comparar os elementos dois a dois para ordená-los, começará então por enfileirá-los aos pares: CE; AC; BD etc., sem coordená-los entre si. Depois, faz pequenas séries de três ou quatro elementos, mas sempre sem coordená-los entre si. Em seguida, consegue a série completa, mas por tentativas, e sem saber intercalar novos elementos distintos, uma vez construída a série toda. Finalmente, por volta dos seis anos e meio ou sete, descobre um método operatório, que consiste em procurar em primeiro lugar o menor elemento de todos, depois o menor dos que restaram, conseguindo, desta maneira, construir a série total sem tentativas nem erros (e também intercalar novos elementos). Torna-se, então, capaz do raciocínio: AB; e BC, donde AC. Ora, vê-se, imediatamente, que esta construção supõe a operação inversa (a reversibilidade operatória): cada termo é concebido, ao mesmo tempo, como o menor de todos os seguintes (relação) e como o maior dos que o precedem (relação), permitindo ao sujeito encontrar seu método de construção, assim como intercalar novos elementos, depois que a primeira série completa foi construída.

É de grande interesse constatar que, embora as operações de seriação (coordenação das relações assimétricas) sejam descobertas assim, por volta de sete anos, em relação aos comprimentos ou tamanhos dependentes da quantidade de matéria, é preciso esperar os nove anos, em média, para se obter uma seriação análoga dos pesos (de tamanhos iguais: por exemplo, bolas do mesmo tamanho, mas com pesos diferentes), e onze ou doze anos, para se obter a dos volumes (pela medida da imersão na água). É preciso esperar que a criança chegue aos nove anos para que possa concluir que AC, se AB e BC, no campo do peso, e que alcance os onze ou doze anos para chegar à mesma conclusão quanto ao volume. Torna-se evidente, portanto, que estas operações têm íntima relação com a construção das noções de peso e volume e, notadamente, com a elaboração dos princípios de conservação que lhes são relativos (ver mais acima).

Um segundo exemplo do sistema total de operações é constituído pela coordenação de relações simétricas, em particular das relações de igualdade: $A = B$; $B = C$, donde $A = C$. Aqui, de novo, estes sistemas de conjunto estão ligados à construção das noções. Aparecem desde sete anos para os comprimentos e quantidades simples, mas é preciso esperar os nove anos para as igualdades de peso e os doze para as de volume. Eis um exemplo relativo ao peso. Dão-se à criança barras $A = B = C$... da mesma forma, dimensão e peso, apresentando-lhe depois pedaços de chumbo, pedra etc., de formas diferentes, mas com o mesmo peso das barras. A criança compara o chumbo à barra A, e, para seu espanto, constata dois pesos iguais na balança. Admite, de outro lado, a igualdade de pesos entre as barras A e B. Pergunta-se-lhe, então, se B pesará tanto quanto o pedaço de chumbo ou não. Até oito anos e meio ou nove, recusa-se a admitir de antemão esta igualdade, sendo preciso esperar a idade da coordenação de todas as relações de peso para que se torne capaz desta comparação reversível.

Um exemplo, especialmente sugestivo, de composição das relações simétricas é o do "irmão". Um menino de quatro ou cinco anos (vamos chamá-lo de Paulo) tem um irmão, Estêvão. Se lhe perguntarmos se seu irmão Estêvão tem um irmão, constatamos, frequentemente, que ele o nega. O motivo apresentado, em geral, é: "Nós somos apenas dois na família e Estêvão não tem irmão." Vê-se, então, claramente, este egocentrismo intelectual que caracteriza o pensamento intuitivo. A criança, não sabendo sair de seu próprio ponto de vista para se considerar do ponto de vista do outro, começa por negar a simetria da relação fraternal por falta de reciprocidade (= reversibilidade simétrica). Do mesmo modo, compreende-se como a coordenação lógica ou operatória deste gênero de relações está ligada à coordenação social dos indivíduos e à coordenação dos pontos de vista intuitivos vividos, sucessivamente, pelo mesmo indivíduo.

Abordemos agora este sistema essencial de operações lógicas que permite a elaboração das noções gerais ou "classes", constituindo, assim, toda classificação. O princípio é, simplesmente, o encaixamento das partes no todo ou, inversamente, o destacamento das partes em relação ao todo. Ainda aqui, convém não confundir as totalidades intuitivas ou simples coleções de objetos, com as totalidades operatórias ou classes propriamente lógicas. Uma experiência fácil de ser reproduzida mostra o quanto a construção destas últimas é mais tardia do que pode parecer e quanto está de novo ligada à reversibilidade do pensamento. Apresenta-se ao sujeito uma caixa aberta com umas 20 contas marrons e duas ou três brancas, de madeira, e pergunta-se, simplesmente, depois de se ter feito constatar este último dado (por manipulação), se há nesta caixa mais contas de madeira ou mais contas marrons. A grande maioria das crianças, antes dos sete anos, só consegue responder: "Existem mais marrons" pois, na medida em que dissociam o todo ("todas de madeira") em duas partes, não conseguem mais comparar uma destas partes com o todo assim destruído mentalmente, limitando-se a compará-la com a outra parte! Ao contrário, por volta de sete anos, esta dificuldade, devida à intuição perceptiva, atenua-se e o todo torna-se comparável a uma de suas partes, cada uma delas estando, daí por diante, em função do próprio todo (uma parte = ao todo menos as outras partes, através da operação inversa).

Pode-se, finalmente, perguntar como se constroem o próprio número e as operações aritméticas. Sabe-se que, durante a primeira infância, apenas os primeiros números são acessíveis ao sujeito, porque são números intuitivos correspondentes a figuras perceptivas. A série indefinida dos números e, sobretudo, as operações de soma (e seu inverso: a subtração) e de multiplicação (com seu inverso: a divisão), ao contrário, só são acessíveis, em média, depois dos sete anos. O motivo é simples: na verdade, o número é um composto de certas operações precedentes e supõe, em consequência, sua construção prévia. Um número inteiro é uma coleção de unidades iguais entre si, ou seja, uma classe cujas subclasses se tornam equivalentes pela supressão das qualidades. Mas, ao mesmo tempo, é uma série ordenada, ou melhor, uma seriação de relações de ordem. A dupla natureza de ordinal e cardinal resulta de uma fusão dos sistemas de encaixamento e de seriações lógicas, e é o que explica sua apariçao contemporânea à das operações qualitativas. Agora pode-se compreender por que as correspondências termo a termo, que analisamos acima (II-C), permanecem intuitivas durante a primeira infância; e só se tornam operatórias e, portanto, só constituem operações numéricas a partir do momento em que a criança é capaz de manejar, simultaneamente, as operações de seriação de fichas e de encaixamento das partes nos todos (classes). É somente neste momento que a correspondência estabelece a equivalência duradoura das coleções correspondentes e, por isto mesmo, elabora os números.

Uma conclusão geral impõe-se: o pensamento infantil só se torna lógico por meio da organização de sistemas de operações que obedecem às leis de conjuntos comuns. 1º Composição: duas operações de um conjunto podem-se compor entre si e dar ainda uma operação do conjunto (Exemplo: $1 + 1 = 2$). 2º Reversibilidade: toda operação pode ser invertida (Exemplo: $+ 1$ inverte-se em $- 1$). 3º A operação direta e seu inverso dão uma operação nula ou idêntica (Exemplo: $+ 1 - 1 = 0$). 4º As operações podem-se associar entre si de todas as maneiras. Esta estrutura geral, que os matemáticos chamam de "grupos", caracteriza todos os sistemas de operações anteriormente descritos, a menos que, nos campos lógicos ou qualificativos (seriações das relações, encaixamento das classes etc.), as condições (3) e (4) apresentem certas particularidades devidas ao fato de que uma classe ou relação adicionada a ela mesma não se modifica. Pode-se então falar de "agrupamento", noção ainda mais elementar e geral que a de grupo. É preciso, então, admitir que a passagem da intuição à lógica, ou às operações matemáticas, se efetua no decorrer da segunda infância pela construção de agrupamentos e grupos. Em outras palavras, as noções e relações não se podem construir isoladamente, mas constituem organizações de conjuntos, nas quais todos os elementos são solidários e se equilibram entre si. Assim, esta estrutura própria à assimilação mental de ordem operatória assegura ao espírito um equilíbrio bem superior ao da assimilação intuitiva ou egocêntrica, já que a reversibilidade, anteriormente adquirida, traduz um equilíbrio permanente entre a assimilação das coisas pelo espírito e a acomodação do espírito às coisas. Assim, quando a criança se liberta de seu ponto de vista imediato para "agrupar" as relações, o espírito atinge um estado de coerência e de não contradição, paralelo à cooperação no plano social (ver A), que subordina o eu às leis de reciprocidade.

D. *A afetividade, a vontade e os sentimentos morais*

Estas observações finais permitem compreender as transformações profundas que se processam na afetividade da segunda infância. Na medida em que a cooperação entre os indivíduos coordena os pontos de vista em uma reciprocidade que assegura tanto a autonomia como a coesão, e, na medida em que, paralelamente, o agrupamento das operações intelectuais situa os diversos pontos de vista intuitivos em um conjunto reversível, desprovido de contradições, a afetividade, entre os sete e os doze anos, caracteriza-se pela aparição de novos sentimentos morais e, sobretudo, por uma organização da vontade, que leva a uma melhor integração do eu e a uma regulação da vida afetiva.

Já vimos acima (II-D) como os primeiros sentimentos morais se originaram do respeito unilateral da criança em relação a seus pais, ou ao adulto, e também como este respeito estabelece a formação de uma moral de obediência ou heteronomia. O novo sentimento, que intervém em função da cooperação entre as crianças, e das formas de vida social dela decorrentes (ver III-A), consiste essencialmente em mútuo respeito. Este existe quando os indivíduos se atribuem, reciprocamente, um valor pessoal equivalente, não se limitando a valorizar uma ou outra ação específica. Geneticamente, o respeito mútuo se origina do respeito unilateral, do qual constitui uma forma limite. Pode acontecer que um indivíduo sinta o outro como superior em determinado aspecto e em posição de reciprocidade em aspecto diferente. Neste caso, uma valorização mútua global segue-se cedo ou tarde. De maneira geral, existe respeito mútuo em toda amizade fundada na estima, em toda colaboração que exclua a autoridade etc.

Ora, o respeito mútuo conduz a formas novas de sentimentos morais, distintas da obediência exterior inicial. Podem-se citar, em primeiro lugar, as transformações referentes ao sentimento da regra, tanto a que liga as crianças entre si como aquela que as une ao adulto.

Lembremo-nos, para tomar um exemplo da primeira categoria de regras, da maneira pela qual as crianças se submetem às regras de uma brincadeira coletiva, mesmo no caso de esta ser essencialmente infantil, como o jogo de bolas de gude. Embora, na prática, os menores joguem de qualquer maneira, cada um imitando a seu modo as regras dos mais velhos, os meninos de mais de sete anos submetem-se, de maneira mais precisa e coordenada, a um conjunto de regras comuns. Como se lhes apresentam estas regras? Que sentimentos têm com respeito a elas? Para conduzir essa análise, é suficiente pedir individualmente aos jogadores para inventar uma nova regra, fora da tradição que aprenderam, e para dizer se esta nova regra, uma vez difundida por imitação dos menores, constituiria uma "regra de verdade". Coisa curiosa, as reações observadas entre os menores e os maiores são bem diferentes! Os pequenos, dominados pelo respeito unilateral que sentem pelos mais velhos – se bem que, na prática, brinquem sem se importar muito em obedecer às regras estabelecidas –, recusam-se, em geral, a admitir que a nova regra possa constituir uma "regra de verdade". Segundo eles, as verdadeiras regras são aquelas que sempre foram utilizadas, as que eram praticadas pelo filho de Guilherme Tell ou pelos filhos de Adão e Eva. Assim sendo, nenhuma regra inventada agora por uma criança, mesmo que difundida nas gerações futuras, seria, realmente, "verdadeira". Mais ainda, as "regras de verdade", que são eternas, portanto, não provêm de crianças, mas, sim, dos "pais", dos "homens da política", das "pessoas importantes", ou do próprio Deus, que impuseram as regras (vendo-se até que ponto pode chegar o respeito pelas regras transmitidas pelos Mais Velhos!). A reação dos grandes é outra: a nova regra pode-se tornar "verdadeira" se todos a adotarem, sendo, portanto, apenas a expressão de uma vontade comum ou de um acordo.

É deste modo que são constituídas, diz a criança, todas as regras do jogo, isto é, por uma espécie de contrato entre os jogadores. Vê-se, aqui, a atuação do respeito mútuo: a regra é respeitada, não mais enquanto produto de uma vontade exterior, mas como resultado de acordo explícito ou tácito. É, então, este o motivo pelo qual ela é realmente respeitada na prática do jogo, e não somente afirmada por fórmulas verbais. A regra obriga na medida em que o próprio eu está comprometido, de modo autônomo, com o acordo feito. É por isto que este respeito mútuo leva a uma série de sentimentos morais desconhecidos até então: a honestidade entre os jogadores, que exclui a trapaça – não porque esta seja "proibida", mas pelo fato de que viola o acordo entre indivíduos que se estimam –, o companheirismo, o *fair play* etc. Compreende-se, assim, por que a mentira só então começa a ser compreendida, já que é nesta idade que enganar os amigos é considerado como mais grave do que mentir para um adulto.

A consequência afetiva, especialmente importante, do respeito mútuo, é o sentimento de justiça. Este é muito grande entre os companheiros e influencia nas relações entre crianças e adultos até modificar, às vezes, as atitudes em relação aos pais. Nos pequenos, a obediência passa à frente da justiça, ou melhor, a noção do que é justo começa por se confundir com o que é mandado ou imposto do alto. É especialmente surpreendente, quando se pergunta às crianças a propósito de histórias que se lhes contam (concernentes à mentira etc.), constatar como elas são severas nas suas ideias sobre punição. Acham sempre justas (não na prática, é claro, mas no julgamento verbal) as punições mais duras; não dão nenhuma ênfase às sanções de acordo com a intenção, mas as relacionam com a objetividade dos atos (responsabilidade "objetiva" como nos povos primitivos). Ao contrário, os grandes sustentam, com convicção, a ideia de uma justiça distributiva, fundada na igualdade estrita, e de uma justiça retributiva, que leva mais em conta as intenções e circunstâncias de cada um do que a objetividade das ações. Mas, de onde provém este sentimento da justiça? É fácil observar que a consciência do justo e do injusto aparece, comumente, mais às custas do adulto do que devido às suas ordens. É por causa de uma injustiça muitas vezes involuntária ou talvez imaginária, da qual a criança é vítima, que esta começa a dissociar a justiça da submissão. A seguir, é essencialmente a prática da cooperação entre as crianças e do respeito mútuo que desenvolve os sentimentos de justiça. É fácil, de novo, em ocasiões de jogos coletivos, reunir numerosos fatos relativos a este sentimento de igualdade e de justiça distributiva entre companheiros da mesma idade. Sem dúvida, estamos diante de um dos sentimentos morais mais fortes na criança.

Pode-se dizer, então, que o respeito mútuo, que se diferencia gradualmente do respeito unilateral, conduz a uma organização nova dos valores morais. Sua principal característica consiste em que implica uma autonomia relativa da consciência moral dos indivíduos, podendo-se, deste ponto de vista, considerar esta moral de cooperação como forma de equilíbrio superior à moral da simples submissão. Falamos, a propósito desta última, em sentimentos morais "intuitivos". Ao contrário, a organização dos valores que caracteriza a segunda infância é comparável à própria lógica; é uma lógica de valores ou ações entre os indivíduos, do mesmo modo que a lógica é uma espécie da moral do pensamento. A honestidade, o sentido de justiça e a reciprocidade, em geral, constituem sistema racional de valores pessoais, podendo-se, sem exagero, comparar este sistema aos "agrupamentos" das relações ou noções que estão na origem da lógica, com a única diferença de que aqui são valores agrupados segundo uma "escala" e não mais relações objetivas.

Mas, se a moral, enquanto coordenação dos valores, é comparável a um "agrupamento" lógico, é preciso então admitir que os sentimentos interindividuais dão lugar a várias espécies de operações. Parece, à primeira vista, que a vida afetiva é de ordem puramente intuitiva e que sua espontaneidade exclui tudo o que lembra uma operação da inteligência. Mas, na realidade, esta tese romântica só é verdadeira na primeira infância, durante a qual a impulsividade impede toda orientação constante do pensamento e dos sentimentos. À medida que estes se organizam, observa-se, ao contrário, constituírem-se regulações, cuja forma de equilíbrio final é a vontade. Esta é, então, o verdadeiro equivalente afetivo das operações da razão. A vontade é uma função de aparição tardia, e seu exercício real está precisamente ligado ao funcionamento dos sentimentos morais autônomos. É por isto que esperamos este nível para falar sobre esse assunto.

Frequentemente, confunde-se a vontade com outros mecanismos, e é por esta razão que muitos autores situam sua formação desde os estágios elementares do desenvolvimento. Ela também é muitas vezes reduzida à simples manifestação de energia de que dispõe o sujeito. Assim, dir-se-ia de um pequeno que persevera sempre até conseguir seu objetivo, que tem muita vontade. Dir-se-á, em especial, quando ele emprega sua energia fazendo o contrário do que se esperava dele, como no período da independência e da contradição que muitas vezes se observa por volta de três a quatro anos (o famoso *Trotzalter*). Mas a vontade não é, de nenhum modo, a própria energia a serviço desta ou daquela tendência. É uma regulação da energia, o que é bem diferente, e uma regulação que favorece certas tendências à custa de outras. Também, confunde-se, frequentemente, a vontade com o ato intencional (como na linguagem corrente, quando se diz "você quer?", no sentido de "você deseja?"). Mas, como já mostraram W. James e Claparède, a vontade é inútil quando já existe uma intenção firme e única; aparece, ao contrário, quando há conflitos de tendência ou de intenções, como quando, por exemplo, se oscila entre um prazer tentador e um dever. Mas, em que consiste a vontade? Neste conflito, ou em outro análogo, sempre há uma tendência inferior mais forte por si mesma (o prazer desejado, neste exemplo) e uma tendência superior, mas no momento mais frágil (o dever). O ato da vontade consiste, portanto, não em seguir a tendência inferior e forte (ao contrário, fala-se, neste caso, de um fracasso da vontade ou de uma "vontade fraca"), mas em reforçar a tendência superior e frágil, fazendo-a triunfar.

O problema todo então é – e é problema de alto interesse para a psicologia do desenvolvimento mental, ao mesmo tempo que de alcance evidente no que se chama "educação da vontade" – compreender como a tendência mais fraca no início da conduta (= a tendência superior, que se arrisca de ser vencida pelo desejo inferior) torna-se a mais forte, graças ao ato de vontade. Existe aí, como dizia W. James, um *fiat* inexplicável.

Na verdade, todos os sentimentos fundamentais ligados à atividade do indivíduo já traduzem regulações da energia. O interesse, por exemplo, de que falamos a propósito da primeira infância (II-D) é um espantoso regulador. Basta que a criança se interesse por um trabalho para achar as forças necessárias para empreendê-lo, enquanto o desinteresse cessa o emprego desta energia. O sistema de interesses ou valores, mutáveis a cada instante, de acordo com a atividade em curso, dirige o sistema das energias internas, graças a uma regulação quase automática e contínua. Mas, é apenas uma regulação, por assim dizer, intuitiva, já que é, em parte, irreversível e sujeita a frequentes deslocamentos de equilíbrio. A vontade, ao contrário, é, simplesmente, uma regulação tornada reversível, sendo neste ponto que ela é comparável a uma operação. Quando o dever é momentaneamente mais fraco que um desejo definido, ela restabelece os valores segundo sua hierarquia anterior e postula sua conservação ulterior, fazendo, assim, primar a tendência de menor força, reforçando-a. Ela age, então, exatamente, como operação lógica, no caso em que a dedução (= tendência superior, mas fraca) está às voltas com a aparência perceptiva (= tendência inferior, mas forte) e que o raciocínio operatório corrige a aparência atual, voltando aos estados anteriores. É, portanto, natural que a vontade se desenvolva durante o mesmo período que as operações intelectuais, enquanto os valores morais se organizam em sistemas autônomos comparáveis aos agrupamentos lógicos.

IV. A ADOLESCÊNCIA

As reflexões precedentes poderiam levar a crer que o desenvolvimento mental termina por volta de onze anos ou doze anos, e que a adolescência é simplesmente uma crise passageira, devida à puberdade, que separa a infância da idade adulta. Evidentemente, a maturação do instinto sexual é marcada por desequilíbrios momentâneos, que dão um colorido afetivo muito característico a todo este último período da evolução psíquica. Mas, estes fatos bem conhecidos, que certa literatura psicológica banalizou, estão longe de esgotar a análise da adolescência e além do mais desempenhariam apenas papel bem secundário, se o pensamento e a afetividade próprias do adolescente não lhe permitissem exagerar-lhes a importância. São, portanto, estruturas gerais destas formas finais de pensamento e vida afetiva que devemos descrever aqui, e não algumas perturbações especiais. De outro lado, se há um desequilíbrio provisório, não se deve esquecer que todas as passagens de um estágio a outro são suscetíveis de provocar tais oscilações temporárias. Na verdade, apesar das aparências, as conquistas próprias da adolescência asseguram ao pensamento e à afetividade um equilíbrio superior ao que existia na segunda infância. Os adolescentes têm seus poderes multiplicados; estes poderes, inicialmente, perturbam a afetividade e o pensamento, mas, depois, os fortalecem.

Examinemos os fatos agrupando-os, para sermos mais breves, em dois itens: o pensamento com suas novas operações e a afetividade, incluindo o comportamento social.

A. *O pensamento e suas operações*

Comparado a uma criança, o adolescente é um indivíduo que constrói sistemas e "teorias". A criança não constrói sistemas, ela os tem inconsciente ou preconscientemente, no sentido de que estes são informuláveis ou informulados, e de que apenas o observador exterior consegue compreendê-los, já que a criança não os "reflete". Ou, melhor, pensa concretamente sobre cada problema à medida que a realidade os propõe, e não liga suas soluções por meio de teorias gerais, das quais se destacaria o princípio. Ao contrário, o que surpreende no adolescente é o seu interesse por problemas inatuais, sem relações com as realidades vividas no dia a dia, ou por aqueles que antecipam com a ingenuidade desconcertante, as situações futuras do mundo, muitas vezes quiméricas. O que mais espanta, sobretudo, é sua facilidade de elaborar teorias abstratas. Existem alguns que escrevem, que criam uma filosofia, uma política, uma estética ou outra coisa. Outros não escrevem, mas falam.

A maioria, porém, fala pouco de suas produções pessoais, limitando-se a ruminá-las de maneira íntima e secreta. Mas todos têm teorias e sistemas que transformam o mundo, em um ponto ou noutro.

Ora, a obtenção desta nova forma de pensamento, por ideias gerais e construções abstratas, efetua-se, na verdade, de modo bastante contínuo e menos brusco do que parece, a partir do pensamento concreto próprio à segunda infância. É na realidade por volta de doze anos que é preciso situar a modificação decisiva, depois da qual o impulso se orientará, pouco a pouco, na direção da reflexão livre e destacada do real. Por volta de onze a doze anos efetua-se uma transformação fundamental no pensamento da criança, que marca o término das operações construídas durante a segunda infância; é a passagem do pensamento concreto para o "formal", ou, como se diz em termo bárbaro, mas claro, "hipotético-dedutivo".

Até esta idade, as operações da inteligência infantil são, unicamente, concretas, isto é, só se referem à própria realidade e, em particular, aos objetos tangíveis, suscetíveis de serem manipulados e submetidos a experiências efetivas. Quando o pensamento da criança se afasta do real, é simplesmente porque ela substitui os objetos ausentes pela representação mais ou menos viva, esta se acompanhando de crença e equivalendo ao real. Por outro lado, se se pede aos sujeitos para raciocinarem sobre hipóteses simples, sobre um enunciado puramente verbal dos problemas, logo perdem pé e recaem na intuição pré-lógica dos pequenos. Por exemplo, todas as crianças de nove a dez anos sabem seriar as cores melhor ainda que os tamanhos, mas fracassam totalmente em resolver uma pergunta, feita por escrito, como esta: "Edith tem os cabelos mais escuros que Lili. Edith é mais clara que Suzana. Qual das três tem os cabelos mais escuros?" Respondem em geral que, Edith e Lili sendo morenas, Edith e Suzana sendo claras, Lili é a mais morena, Suzana, a mais clara, e Edith, meio clara, meio morena. Só alcançam, portanto, no plano verbal, uma seriação por pares não coordenados, do mesmo modo que os de cinco ou seis anos nas seriações concretas. É por este motivo, em especial, que sentem uma tal dificuldade em resolver na escola problemas de aritmética, embora estes dependam de operações bem conhecidas. Se manipulassem os objetos, raciocinariam sem obstáculos; mas os mesmos raciocínios sob forma de enunciados verbais, isto é, no plano da linguagem, tornaram-se muito mais difíceis, já que ligados a simples hipóteses sem realidade efetiva.

Ora, após os 11 ou 12 anos, o pensamento formal torna-se possível, isto é, as operações lógicas começam a ser transpostas do plano da manipulação concreta para o das ideias, expressas em linguagem qualquer (a linguagem das palavras ou dos símbolos matemáticos etc.), mas sem o apoio da percepção, da experiência, nem mesmo da crença. Quando se diz, no exemplo citado acima, "Edith tem cabelos mais escuros que Lili etc.", coloca-se, na verdade, no abstrato, três personagens fictícios, que para o pensamento são apenas simples hipóteses. É sobre estas que se pede para raciocinarem. O pensamento formal é, portanto, "hipotético-dedutivo", isto é, capaz de deduzir as conclusões de puras hipóteses e não somente através de uma observação real. Suas conclusões são válidas, mesmo independentemente da realidade de fato, sendo por isto que esta forma de pensamento envolve uma dificuldade e um trabalho mental muito maiores que o pensamento concreto.

Quais são, na realidade, as condições de construção do pensamento formal? Para a criança, trata-se não somente de aplicar as operações aos objetos, ou melhor, de executar, em pensamento, ações possíveis sobre estes objetos, mas de "refletir" estas operações independentemente dos objetos e de substituí-las por simples proposições. Esta "reflexão" é, então, como um pensamento de segundo grau; o pensamento concreto é a representação de uma ação possível, e o formal é a representação de uma representação de ações possíveis. Não nos devemos espantar, então, se o sistema das operações concretas deva terminar no decorrer dos últimos anos da infância, antes que se torne possível "a reflexão" em operações formais. Quanto a estas, não são outras senão as mesmas operações, mas aplicadas a hipótese ou proposições. Consistem em uma "lógica de proposições", em oposição à das relações, das classes e dos números, mas o sistema de "implicações" que regulam estas proposições constitui, apenas, a tradução abstrata das operações concretas.

Só depois que este pensamento formal começa, por volta dos 11 a 12 anos, é que se torna possível a construção dos sistemas que caracterizam a adolescência. As operações formais fornecem ao pensamento um novo poder, que consiste em destacá-lo e libertá-lo do real, permitindo-lhe, assim, construir a seu modo as reflexões e teorias. A inteligência formal marca, então, a libertação do pensamento e não é de admirar que este use e abuse, no começo, do poder imprevisto que lhe é conferido. Esta é uma das novidades essenciais que opõe a adolescência à infância: a livre atividade da reflexão espontânea.

Mas, segundo lei que já vimos desde as manifestações no lactente, e depois durante a primeira infância, toda nova capacidade da vida mental começa por incorporar o mundo em uma assimilação egocêntrica, para só depois atingir o equilíbrio, através de uma acomodação ao real. Há, portanto, um egocentrismo intelectual do adolescente, comparável tanto ao do lactente que assimila o universo e sua atividade corporal, como da primeira infância, que assimila as coisas ao pensamento em formação (jogo simbólico etc.). Esta última forma de egocentrismo, manifesta pela crença na onipotência da reflexão, como se o mundo devesse submeter-se aos sistemas e não estes à realidade. É a idade metafísica por excelência: o eu é forte bastante para reconstruir o Universo e suficientemente grande para incorporá-lo.

Depois, do mesmo modo que o egocentrismo senso-motor é reduzido, progressivamente, pela organização dos esquemas de ação e o egocentrismo do pensamento da primeira infância termina com o equilíbrio das operações concretas, também na adolescência o egocentrismo metafísico encontra, pouco a pouco, uma correção na reconciliação entre o pensamento formal e a realidade. O equilíbrio é atingido quando a reflexão compreende que sua função não é contradizer, mas, se adiantar e interpretar a experiência. Este equilíbrio, então, ultrapassa amplamente o do pensamento concreto, pois, além do mundo real, engloba as construções indefinidas da dedução racional e da vida interior.

B. *A afetividade da personalidade no mundo social dos adultos*

Em paralelo exato com a elaboração das operações formais e com o término das construções do pensamento, a vida afetiva do adolescente afirma-se através da dupla conquista da personalidade e de sua inserção na sociedade adulta.

Mas, o que é personalidade e por que sua elaboração final se processa apenas na adolescência? Os psicólogos têm por hábito distinguir o eu e a personalidade, e até mesmo, em certo sentido, colocá-los em oposição. O eu é um dado, se não imediato, ao menos, relativamente primitivo. É como se fosse o centro da atividade própria, caracterizando-se, precisamente, por seu egocentrismo, inconsciente ou consciente. A personalidade, ao contrário, resulta da submissão, ou melhor, da autossubmissão do eu a uma disciplina qualquer. Diz-se, por exemplo, de um homem, que ele tem uma personalidade forte, não quando reduz tudo a seu egoísmo e fica incapaz de se dominar, mas, sim, quando encarna um ideal ou defende uma causa empregando toda sua energia e vontade. Chegou-se até a fazer da personalidade um produto social, estando a pessoa ligada ao "papel" (*persona* = máscara de teatro) que desempenha na sociedade. E, realmente, a personalidade implica cooperação; a autonomia da pessoa opõe-se ao mesmo tempo à anomia, ou ausência de regras (o eu) e à heteronomia, ou submissão às regras impostas do exterior. Neste sentido, a pessoa é solidária com as relações sociais que mantém e produz.

A personalidade começa no fim da infância (8 a 12 anos) com a organização autônoma das regras, dos valores e a afirmação da vontade, com a regularização e hierarquização moral das tendências. Mas, há mais na pessoa do que estes valores isolados. Há sua subordinação a um sistema único que integra o eu de modo *sui generis*. Existe, portanto, um sistema "pessoal" no duplo sentido de particular a um determinado indivíduo e de implicar uma coordenação autônoma. Ora, este sistema pessoal só pode, precisamente, se construir no nível mental do adolescente, pois supõe o pensamento formal e as construções reflexivas que acabamos de falar (em A). Existe personalidade, pode-se dizer, a partir do momento em que se forma um "programa de vida" (*Lebensplan*), funcionando este, ao mesmo tempo, como fonte de disciplina para a vontade e como instrumento de cooperação. Mas este plano de vida supõe a intervenção do pensamento e da reflexão livres, e é por isto que só se elabora quando certas condições intelectuais, como o pensamento formal ou hipotético-dedutivo, são preenchidas.

Mas, se a personalidade implica uma espécie de descentralização do eu que se integra em um programa de cooperação e se subordina a disciplinas autônomas e livremente construídas, acontece que todo desequilíbrio a centralizará de novo sobre ela própria, de tal modo que, entre os polos da pessoa e do eu, as oscilações serão passíveis em todos os níveis. Daí, em especial, o egocentrismo da adolescência, do qual vimos o aspecto intelectual e cujo aspecto afetivo é ainda mais conhecido. A criança pequena traz tudo para si, sem o saber, sentindo-se inferior ao adulto e aos mais velhos que imita. Ela se proporciona uma espécie de mundo à parte, em uma escala abaixo da do mundo dos grandes. O adolescente, ao contrário, graças à sua personalidade em formação, coloca-se em igualdade com seus mais velhos, mas sentindo-se outro, diferente deles, pela vida nova que o agita. E, então, quer ultrapassá-los e espantá-los, transformando o mundo. É este o motivo pelo qual os sistemas ou planos de vida dos adolescentes são, ao mesmo tempo, cheios de sentimentos generosos, de projetos altruístas ou de fervor místico e de inquietante megalomania e egocentrismo consciente. Um professor francês, entregando-se a pesquisa discreta e anônima sobre as fantasias dos alunos de uma classe de 15 anos, encontrou entre os meninos mais tímidos e sérios futuros marechais da França ou presidentes da República, grandes homens de todas as espécies, alguns já vendo suas estátuas nas praças de Paris, em suma, indivíduos que, se tivessem pensado alto, teriam sido suspeitos de paranoia. A leitura dos diários íntimos de adolescentes mostra esta mesma mistura constante de devotamento à Humanidade e intenso egoísmo.

Quer se trate de incompreendidos e ansiosos persuadidos do fracasso, que põem em dúvida (teoricamente) o próprio valor da vida, ou de espíritos ativos persuadidos de seu gênio, o fenômeno é o mesmo, tanto na sua parte positiva como na negativa.

A síntese destes projetos de cooperação social e desta valorização do eu, que marca os desequilíbrios da personalidade em formação, é muitas vezes encontrada sob a forma de uma espécie de messianismo. O adolescente atribui-se, com toda modéstia, um papel essencial na salvação da Humanidade, organizando seu plano de vida em função de tal ideia. A esse respeito, é interessante observar as transformações do sentimento religioso durante a adolescência. Como já bem mostrou P. Bovet, a vida religiosa começa, na pequena infância, confundindo-se com o sentimento filial propriamente dito. A criança atribui espontaneamente a seus pais as diversas perfeições da divindade, tais como a onipotência, a onisciência e a perfeição moral. É descobrindo, pouco a pouco, as imperfeições reais do adulto que a criança sublima seus sentimentos filiais, transferindo-os para os seres sobrenaturais que lhe apresenta a educação religiosa. Mas, se se observa, excepcionalmente, uma vida mística ativa no fim da infância, é, em geral, no decorrer da adolescência, que assumirá um valor real, integrando-se nos sistemas de vida, dos quais vimos a função formadora. O sentimento religioso do adolescente, porém, embora habitualmente intenso (e negativo às vezes também) colore-se de perto ou de longe da preocupação messiânica em questão. O adolescente faz como que um pacto com seu Deus e se engaja para servi-lo sem recompensa, mas contando desempenhar, por isto mesmo, um papel decisivo na causa que se propõe defender.

Em geral, o adolescente pretende inserir-se na sociedade dos adultos por meio de projetos, de programas de vida, de sistemas muitas vezes teóricos, de planos de reformas políticas ou sociais. Em suma, através do pensamento, podendo-se quase dizer através da imaginação, já que esta forma de pensamento hipotético-dedutivo se afasta, às vezes, do real. Assim, quando se reduz a adolescência à puberdade, como se o impulso do instinto de amar fosse o traço característico deste último período do desenvolvimento mental, só se está atingindo um dos aspectos da renovação total que o caracteriza. Certamente, o adolescente descobre em certo sentido o amor. Mas, é importante constatar que, mesmo nos casos em que este amor encontra um objeto, é como se fosse a projeção de todo um ideal e um ser real, donde as decepções tão repentinas e sintomáticas. O adolescente ama, no vazio ou na realidade, mas sempre através de um romance, e a construção deste apresenta um interesse talvez maior que sua matéria-prima. Sem dúvida, nos adolescentes, o programa de vida aparece mais intimamente ligado às relações pessoais, e seus sistemas hipotético-dedutivos assumem mais a forma de uma hierarquia de valores afetivos do que a de um sistema teórico. Mas, trata-se sempre de um plano de vida que ultrapassa o real, e, se ele está mais ligado às pessoas, é porque a existência que prepara é, precisamente, mais feita de sentimentos interindividuais definidos do que de sentimentos gerais.

Quanto à vida social do adolescente, pode-se encontrar aí como nos outros campos uma fase inicial de interiorização (a fase negativa de Ch. Bühler) e uma fase positiva. Durante a primeira, o adolescente parece, muitas vezes, completamente antissocial. Nada é mais falso, no entanto, pois ele medita continuamente sobre a sociedade, mas a sociedade que lhe interessa é aquela que quer reformar, tendo desprezo ou desinteresse pela sociedade real, condenando-a. Além disso, a sociabilidade do adolescente afirma-se muitas vezes desde o início, com o contato dos jovens entre si, sendo mesmo bastante instrutivo comparar estas sociedades de adolescentes com as das crianças. Estas têm por finalidade essencial o jogo coletivo ou, às vezes (por causa da organização escolar que não sabe tirar delas o partido que deveria), o trabalho concreto em comum. As sociedades dos adolescentes, ao contrário, são, principalmente, sociedades de discussão: a dois, ou em pequenos cenáculos, o mundo é reconstruído em comum, sobretudo através de discursos sem fim, que combatem o mundo real. Às vezes, também, há uma crítica mútua das soluções, havendo, no entanto, acordo sobre a necessidade absoluta das reformas. Depois, aparecem as sociedades mais amplas, os movimentos de juventude, nos quais se desdobram os ensaios de reorganização positivos e os grandes entusiasmos coletivos.

A verdadeira adaptação à sociedade vai-se fazer automaticamente, quando o adolescente, de reformador, transformar-se em realizador. Da mesma maneira que a experiência reconcilia o pensamento formal com a realidade das coisas, o trabalho efetivo e constante, desde que empreendido em situação concreta e bem definida, cura todos os devaneios. Não é preciso inquietar-se com as extravagâncias e com os desequilíbrios dos melhores entre os adolescentes. Se os estudos especializados não são sempre suficientes, o trabalho profissional, uma vez superadas as últimas crises de adaptação, restabelece seguramente o equilíbrio e marca, assim, o acesso à idade adulta em definitivo. Ora, percebe-se, em geral, comparando-se as realizações dos indivíduos a seus antigos comportamentos de adolescentes, que aqueles que, entre quinze e dezessete anos, nunca construíram sistemas inserindo seu programa de vida em um vasto sonho de reformas, ou aqueles que, no primeiro contato com a vida material, sacrificaram seus ideais quiméricos a novos interesses adultos, não foram os mais produtivos. A metafísica própria ao adolescente, assim como suas paixões e megalomanias, são preparativos reais para a criação pessoal. O exemplo do gênio mostra que há sempre continuidade entre a formação da personalidade depois dos onze ou doze anos e a obra ulterior do homem.

Assim é o desenvolvimento mental. Como conclusão, pode-se constatar a unidade profunda dos processos que, da construção do universo prático, devido à inteligência senso-motora do lactente, chega à reconstrução do mundo pelo pensamento hipotético-dedutivo do adolescente, passando pelo conhecimento do universo concreto devido ao sistema de operações da segunda infância. Viu-se como estas construções sucessivas consistem em descentralização do ponto de vista imediato e egocêntrico para situá-lo em coordenação mais ampla de relações e noções, de maneira que cada novo agrupamento terminal integre a atividade própria, adaptando-a a uma realidade mais global. Paralelamente a esta elaboração intelectual, viu-se a afetividade libertar-se pouco a pouco do eu para se submeter, graças à reciprocidade e à coordenação dos valores, às leis da cooperação. Bem entendido, é sempre a afetividade que constitui a mola das ações das quais resulta, a cada nova etapa, esta ascensão progressiva, pois é a afetividade que atribui valor às atividades e lhes regula a energia. Mas, a afetividade não é nada sem a inteligência, que lhe fornece meios e esclarece fins. É pensamento pouco sumário e mitológico atribuir as causas do desenvolvimento às grandes tendências ancestrais, como se as atividades e o crescimento biológico fossem por natureza estranhos à razão. Na realidade, a tendência mais profunda de toda atividade humana é a marcha para o equilíbrio. E a razão – que exprime as formas superiores deste equilíbrio – reúne nela a inteligência e a afetividade.

SEGUNDA PARTE

2
O PENSAMENTO DA CRIANÇA

Meu amigo Elsin, a quem muito agradeço a honra de ter-me convidado para falar neste Instituto, pediu-me para expor um assunto muito amplo, sem dúvida para ver como conseguiria sintetizá-lo. Com efeito, "o pensamento da criança" é um assunto imenso, que estudo há mais de 40 anos, sem o ter ainda esgotado. Pode-se abordá-lo sob várias perspectivas. Vou-me deter em três:

I. O meu Estudo mostra, em primeiro lugar, aquilo em que a criança difere do adulto, isto é, o que falta à criança para raciocinar como um adulto normal de cultura média. Pode-se verificar, por exemplo, que certas estruturas lógico-matemáticas não são acessíveis a todas as idades, não sendo, portanto, inatas.

II. Em seguida, como se constroem as estruturas cognitivas. Deste modo, a psicologia da criança pode servir de método explicativo geral em psicologia, pois o estudo da formação progressiva de uma estrutura fornece, em alguns aspectos, sua explicação.

III. O estudo do modo de construção de algumas estruturas permite, enfim, responder a algumas perguntas feitas pela filosofia das ciências. A este respeito, a psicologia da criança pode-se prolongar em "epistemologia genética".

I. A CRIANÇA E O ADULTO

Comecemos pelas diferenças entre a criança e o adulto. Sustentei em meus primeiros livros que a criança começava sendo "prélógica", não no sentido de uma diferenciação fundamental entre a criança e o adulto, e, sim, no da necessidade de uma construção progressiva das estruturas lógicas. Criticou-se muito esta hipótese, na Inglaterra em especial, sobretudo porque meus argumentos eram obtidos através do estudo do pensamento verbal. Respondeu-se, por exemplo (e com razão neste ponto), que a criança era mais lógica nas ações que nas palavras, como insistiram entre outros N. e S. Isaacs. Sou, em geral, pouco sensível aos críticos, pois estes não compreendem com exatidão um autor quando suas afirmações o afastam do normal.[1] Mas o serviço prestado pelos críticos é de nos tornar mais prudentes e de nos forçar no prosseguimento da análise.

Estudando meus próprios filhos, compreendi melhor o papel da ação e, em especial, que as ações constituem o ponto de partida das futuras *operações* da inteligência. A operação é, assim, uma ação interiorizada, que se torna reversível e que se coordena com outras, em estruturas operatórias de conjunto. Como as operações assim definidas só terminam por volta de 7 ou 8 anos, existe, portanto, um período "pré-operatório" do desenvolvimento, que corresponde ao que chamei, antes, de período "pré-lógico". As operações se constituem em duas etapas sucessivas: uma "concreta", entre 7 e 11 anos, mais próxima da ação, e a outra "formal" ou proposicional, somente depois de 11-12 anos.

Mas sobretudo, colocando no plano de ação as análises antes conduzidas no plano da linguagem, pude encontrar, sob forma bem mais primitiva e essencial, certos resultados que tinha obtido com

---

[1] Por exemplo, numa interessante obra que aparecerá, brevemente, em inglês e francês, sobre "O estudo genético e experimental do pensamento causal", dois psicólogos canadenses, M. Laurendeau e A. Pinard, fizeram com 500 crianças de 4 a 12 anos um estudo (minucioso do ponto de vista estatístico) da maioria das provas de que me servi anteriormente para analisar a "pré-causalidade" infantil, encontrando o essencial dos meus resultados. Além disto, fizeram uma crítica severa ao conjunto dos trabalhos anteriores aos deles, relativos ao mesmo assunto, e cujos resultados, em grande número, contradiziam minhas hipóteses ou as verificavam ao contrário. Puderam verificar que estas divergências entre os autores residiam em dois motivos básicos. Um, é que certos autores adotam critérios bem diferentes dos meus (por exemplo, Deutscher introduz nas explicações "materialistas", em oposição às pré-causais, grande número de explicações chamadas por ele de fenomenistas, e que eu classifico como pré-causais). O outro, mais significativo ainda, é que os autores empregaram dois métodos opostos de exame: um baseado nas diversas respostas de uma mesma criança, e o outro em objetos, independente da coerência própria a cada criança. Não é necessário dizer que os autores que adotaram o segundo método de análise estão em desacordo comigo, enquanto os que adotaram o primeiro (ou seja, o meu) encontraram os mesmos resultados!

palavras. Por exemplo, sustentei que o pensamento da criança é egocêntrico, não no sentido de hipertrofia do eu, mas no de centralização do pensamento sobre o ponto de vista próprio. Portanto, para alcançar a objetividade, é necessário passar da indiferenciação inicial dos pontos de vista a uma diferenciação por *descentralização*. Ora, o estudo do desenvolvimento senso-motor do espaço, nos níveis anteriores à aquisição da linguagem, conduz, exatamente, aos mesmos resultados: o desenvolvimento começa pela construção de uma multiplicidade de espaços heterogêneos (bucal, tátil, visual etc.), estando cada um deles centralizado sobre o corpo ou sobre a perspectiva própria. Depois de uma espécie de revolução copérnica em miniatura, o espaço acaba por se constituir num recipiente de todos os objetos, compreendendo o próprio corpo, que fica, assim, inteiramente descentralizado.

Não há, então, diferença de natureza entre a lógica verbal e a lógica inerente à coordenação das ações. Mas, a lógica das ações é mais profunda e mais primitiva. Desenvolve-se com maior rapidez e supera mais depressa as dificuldades que encontra. Estas são as mesmas dificuldades de descentralização que se apresentam, mais tarde, no plano da linguagem.

Assim, procurando destacar a característica mais geral pela qual a lógica inicial da criança difere da nossa (com uma defasagem entre suas manifestações na ação e depois na linguagem), vê-se que esta característica é, sem dúvida, a *irreversibilidade*, que é devida à ausência inicial da descentralização e que conduz às *não conservações*. Com efeito, as operações lógico-matemáticas são, como já vimos, ações interiorizadas, reversíveis (no sentido de que cada operação comporta uma operação inversa, como a subtração em relação à adição) e coordenadas em estruturas de conjunto. A criança atua, primeiramente, por meio de ações simples, de sentido único, com uma centralização sobre os *estados* (sobretudo os estados *finais*) e sem esta descentralização, que é a única que permite atingir as "transformações" como tais. Daí resulta esta consequência fundamental, que é a não conservação dos objetos, dos conjuntos, das quantidades etc., antes da descentralização operatória. Por exemplo, a permanência de um objeto individual que sai do campo perceptivo (escondido sob um anteparo) só é adquirida progressivamente, no nível senso-motor (8 a 12 meses), e a conservação de uma coleção de objetos, cuja forma se modifica, só se completa por volta de 7-8 anos, em média.

O estudo das diversas formas de não conservação mostra que estas não são devidas a uma tendência espontânea de mudança (pois a criança, ao contrário, é sobretudo conservadora), mas, sim, a um defeito inicial de operações reversíveis. Retomamos, recentemente, nossas experiências antigas sobre a não conservação da quantidade de um líquido (no caso do transvasamento de um recipiente A para um recipiente B, mais estreito e mais alto), introduzindo a seguinte modificação experimental. Antes que o transvasamento se efetue, fazemos a criança antecipá-lo em pensamento, pedindo para prever: *a*) se haverá ou não conservação do líquido e *b*) até onde subirá a água no recipiente B. Os sujeitos de 4 a 6 anos, em geral, preveem: *a*) que a quantidade de água se conservará e *b*) que o próprio nível se conservará também. Quando se passa, em seguida, para o transvasamento efetivo, ficam surpreendidos em constatar que o nível é mais elevado no recipiente B do que o era no A, concluindo, em consequência, a não conservação da quantidade. É verdade que algumas crianças (pouco numerosas) preveem, corretamente, a elevação do nível em B (sem dúvida, por causa de experiências espontâneas anteriores), prevendo, assim, a não conservação. Para compreender estas últimas reações (como, aliás, as do primeiro tipo), é suficiente fazer a seguinte experiência: dá-se à criança um copo A vazio e um copo B (mais fino), igualmente vazio. Pede-se à criança para derramar o líquido em A e em B, para que haja "a mesma quantidade para beber nos dois". Observa-se, então, que a criança põe exatamente o mesmo nível em A e em B, sem se preocupar com a largura do copo. Por outro lado, as crianças de 6 ½ a 7 anos, em média ou mais, acreditam na conservação, sabendo prever a diferença dos níveis e levando em conta as diferenças de largura dos copos.

Esta repetição de antigas experiências mostra bem que a razão profunda das não conservações consiste no fato de a criança raciocinar somente sobre *estados* ou configurações estáticas, negligenciando as *transformações* como tais. Para atingir estas últimas, ao contrário, é preciso raciocinar por meio de "operações" reversíveis e estas só se constroem pouco a pouco, por uma regularização progressiva das compensações em jogo.

II. AS ESTRUTURAS COGNITIVAS

Isto nos conduz à nossa segunda parte: como se constroem as estruturas operatórias lógico-matemáticas? No nosso parecer, o estudo desta construção confere à psicologia da criança um valor explicativo, que interessa à psicologia em geral, no sentido de que a gênese (enquanto se refere à sucessão dos estágios e não somente aos primeiros, pois não há começo absoluto) está ligada à própria causalidade dos mecanismos formadores. Por isto, é lamentável que em certos meios os *child psychologists* não tenham contato com os experimentadores e que os psicólogos experimentais ignorem a criança, pois a dimensão genética é necessária para a explicação em geral.

As operações lógico-matemáticas derivam das próprias ações, pois são o produto de uma abstração procedente da coordenação das ações, e não dos objetos. Por exemplo, as operações de "ordem" são obtidas da coordenação das ações, pois, para descobrir certa ordem numa série de objetos ou numa sucessão de acontecimentos, é preciso ter a capacidade de registrar esta ordem por meio de ações (desde os movimentos oculares até a reconstituição manual) que devem ser, também elas, ordenadas. A ordem objetiva só é então conhecida por meio de uma ordem inerente às próprias ações. Um teórico da aprendizagem como D. Berlyne, que trabalhou conosco durante um ano (entre outras coisas, em experiências sobre a aprendizagem da ordem), exprime este resultado, dizendo[2] que, para "aprender" uma ordem, é preciso dispor de um "computador", o que equivale ao que chamo de atividade ordenadora.

Mas, as operações não são apenas ações interiorizadas. Para que haja operações, é preciso, além disso, que estas ações se tornem reversíveis e se coordenem em estruturas de conjunto exprimíveis em termos gerais de álgebra: "agrupamentos", "grupos", *lattices* etc.

Ora, esta construção de estruturas se efetua, muitas vezes, de maneira complexa e imprevista, como se pode ver, por exemplo, na construção da série dos números inteiros, que estudamos outrora e cujo estudo retomamos recentemente.

---

[2] BERLYNE, D.;. PIAGET, J. Théorie du comportement et opérations. v. XII dos **Études d'Épistémologie génétique**.

Sabe-se que existem, entre os próprios matemáticos, dois grandes tipos de hipótese a este respeito. Segundo uns, chamados "institucionistas" (Poincaré, Brower etc.), o número se constrói independentemente das estruturas lógicas, e resulta de "intuições" operatórias bastante primitivas, como a intuição do "n + 1". Para outros, ao contrário, as estruturas numéricas derivam das estruturas lógicas: nos *Principia mathematica*, Russel e Whitehead procuraram reduzir o número cardinal à noção de classe e o número ordinal à de relação assimétrica transitiva.

Ora, os fatos psicológicos não se ajustam a nenhuma dessas duas hipóteses. Em primeiro lugar, mostram que todos os elementos do número são de natureza lógica: não há intuição do n + 1 antes que se constitua uma conservação dos conjuntos, fundamentada nas inclusões (classificação) ou seriações operatórias. Mas, em segundo lugar, estes componentes lógicos favorecem uma síntese nova, no caso do número inteiro, uma síntese que não corresponde apenas nem a composição de classes nem a composição serial, mas, sim, às duas ao mesmo tempo. Não se trata de simples composição de classes porque, se abstrairmos as qualidades (o que é necessário para se obter um número), a intervenção de um fator de ordem (seriações) torna-se necessária para distinguir as unidades, que de outro modo seriam idênticas. Além disso, se abstrairmos as qualidades, a correspondência um a um (*one-one*) que Russel faz intervir (para construir as classes de classes equivalentes) não é mais uma correspondência qualificada (um elemento qualificado correspondendo a um outro elemento de mesma qualidade), mas uma correspondência unidade a unidade, que será, então, numérica (donde uma petição de princípio). Em suma, o número inteiro não é nem simples sistema de inclusão de classes, nem simples seriação, mas síntese indissociável da inclusão e da seriação. Isto, sob a condição de que se faça a abstração das qualidades, e que estes dois sistemas (classificação e seriação) – distintos quando se conservam as qualidades – se reúnam em um só, quando feita a abstração.

Esta construção do número parece pouco heterodoxa do ponto de vista lógico. O matemático que traduziu minha obra (com A. Szeminska) sobre *a gênese do número na criança* me pediu para suprimir, na edição inglesa, as fórmulas do fim do volume da edição francesa, pois elas pareciam chocantes a ele e aos lógicos ingleses. Mas, recentemente, um excelente lógico, J. B. Grize, forneceu uma formalização desta construção psicológica do número, que eu tinha formulado através da simples observação da criança. Ele a apresentou nos nossos **Symposia de Epistemologia genética**,[3] sem que lógicos como E. W. Beth ou V. Quine, que assistiam a estes *Symposia*, aí tivessem visto dificuldades, a não ser no que concerne a alguns possíveis melhoramentos dos detalhes. Estamos, assim, em presença de nova explicação da elaboração do número, fornecida pela psicologia da criança. Vê-se, assim, que a psicologia genética não nos ensina, apenas, aquilo em que a criança difere do adulto, mas, igualmente, como se constroem certas estruturas lógico-matemáticas, que fazem parte de todas as formas evoluídas do pensamento adulto.

III. PSICOLOGIA E EPISTEMOLOGIA GENÉTICA

Isto nos leva a algumas observações que nos faltava fazer. Em certos casos, o estudo genético da construção das noções e das operações permite responder a algumas perguntas colocadas pelas ciências, no que concerne aos métodos de conhecimento. Neste caso, a psicologia da criança se prolonga de modo natural em "epistemologia genética".

Darei, simplesmente, um exemplo: o do tempo e velocidade. Em 1928, Einstein, em pequeno congresso de filosofia das ciências, me perguntou se, psicologicamente, a noção de velocidade se desenvolve em função da do tempo ou se esta noção podia-se constituir, independentemente, de toda duração, e mesmo em certos casos, de modo mais elementar que a duração. Sabe-se, com efeito, que na mecânica clássica a noção de velocidade depende da do tempo, enquanto do ponto de vista relativista, ao contrário, a duração é que depende da velocidade. Partimos para o estudo e, como veremos, os resultados obtidos no que diz respeito à formação da noção de velocidade puderam ser utilizados por dois relativistas franceses, para tentativa de nova conceituação dessas noções básicas.

---

[3]GRIZE, J. B. Du groupement au nombre. **Problèmes de la construction du nombre**. Paris: PUF. v. XI dos **Études d'Épistémologie génétique**.

Começando pela noção de tempo, esta se apresenta sob dois aspectos distintos: a ordem de sucessão dos acontecimentos e a duração ou intervalo entre acontecimentos ordenados. Ora, é fácil de constatar que, na criança, a avaliação das relações de ordem (sucessão ou simultaneidade) depende das velocidades em jogo. Por exemplo, fazendo-se avançar dois bonecos, com a mesma velocidade sobre dois caminhos paralelos partindo do mesmo ponto, a criança não terá nenhuma dificuldade em reconhecer que as partidas e chegadas foram simultâneas. Mas, se um deles vai mais rápido e chega mais longe, no caso de movimentos sincrônicos, a criança dirá que as partidas são simultâneas, mas que os bonecos não chegaram "ao mesmo tempo". Não é erro perceptivo, pois a criança reconhece que quando um dos bonecos para, o outro não anda mais. Mas a noção de simultaneidade não possui o mesmo sentido para o sujeito, porque não há ainda o "mesmo tempo" para dois movimentos de velocidades desiguais. Por volta de 6 anos, em média, a criança aceitará, por outro lado, a simultaneidade tanto das chegadas como das saídas, mas não concluirá que as durações dos trajetos foram iguais, já que um caminho mais longo lhe parece exigir mais tempo (falta de coordenação entre as simultaneidades e os intervalos temporais). Podem-se fazer observações análogas sobre os tempos psicológicos (duração de um trabalho lento ou rápido) etc. No total, o tempo aparece[4] como coordenação dos movimentos incluindo suas velocidades ($t = e : v$), enquanto o espaço se baseia em coordenação dos deslocamentos (= movimentos independentemente das velocidades).

Quanto à noção de velocidade, a fórmula clássica $v = e : t$ parece estabelecer uma relação, enquanto o tempo t e o espaço percorrido e correspondem a intuições simples, que são anteriores a esta relação de velocidade. Ora, acabamos de ver que, ao contrário, a avaliação das durações e começa por depender das velocidades. Existe, então, uma intuição da velocidade, anterior à duração ou, pelo menos, independente desta? Na verdade, esta intuição é encontrada na criança sob a forma de intuição ordinal fundamentada na ultrapassagem: um objeto móvel é julgado mais rápido que outro quando, em momento anterior, se achava atrás dele e em momento posterior

---
[4]PIAGET, J. **Le développement de la notion de temps chez l'enfant**. Paris: PUF, 1946.

se acha adiante dele. Fundamentada, também, na ordem temporal (antes e depois) e na ordem espacial (atrás e na frente), a intuição da ultrapassagem não apela nem para a duração nem para o espaço percorrido, fornecendo, no entanto, critério exato de velocidade. Sem dúvida, a criança começa considerando apenas os pontos de chegada, e por isto comete erros durante muito tempo, no que se refere a simples emparelhamentos e sobretudo a semi-emparelhamentos. Mas, quando ela se torna apta a antecipar a série de movimentos percebidos e a generalizar a noção de ultrapassagem, alcança uma noção ordinal básica da velocidade.[5] Além disso, é interessante constatar que a percepção da velocidade parte das mesmas relações ordinais, não precisando de nenhuma referência à duração.[6]

Dito isto, é interessante constatar que o resultado destas pesquisas, que nos foram inspiradas por um conselho de Einstein, se orientou, de alguma forma, para o campo da relatividade. Sabe-se que existe na física, mesmo na relativista, uma dificuldade em definir a duração e a velocidade, sem cair num círculo vicioso. Define-se a velocidade ($v = e : t$) referindo-se à duração de tempo, mas esta só se consegue medir por meio de velocidades (astronômica, mecânica etc.). Dois físicos franceses, tentando reestudar o ponto de partida da teoria da relatividade, de modo a evitar este círculo vicioso, procuraram ver se nossos conhecimentos sobre a formação psicológica da noção de velocidade poderiam fornecer-lhes uma solução. Utilizando, então, nossos trabalhos sobre a gênese desta noção na criança, fizeram a teoria da velocidade básica ou da ultrapassagem. Baseados em uma lei logarítmica e em um grupo abeliano, construíram um teorema de adição de velocidades, e daí encontraram o "grupo de Lorenz" e as premissas básicas da teoria da relatividade.[7]

Vê-se, assim, como o pensamento da criança, que apresenta atividades consideráveis, às vezes originais e imprevistas, é rico em aspectos notáveis, não somente por suas diferenças do pensamento adulto, mas ainda por seus resultados positivos, que nos ensinam o modo de construção das estruturas racionais, permitindo mesmo, às vezes, esclarecer certos aspectos obscuros do pensamento científico.

---

[5] PIAGET, J. **Les notions de mouvement et de vitesse chez l'enfant**. Paris: PUF, 1950.
[6] PIAGET, J.; FELLER, G.; MCNEAR. Essai sur la preception des vitesses chez l'enfant et l'adulte. **Archives de Psychologie**, 1959.
[7] ABELE, J.; MALVAUX. **Vitesse et Univers relativiste**. Paris: Ed. Sedes.

3

A LINGUAGEM E O PENSAMENTO DO PONTO DE VISTA GENÉTICO

As páginas que se seguem formulam algumas reflexões sobre a linguagem e o pensamento sob o meu ponto de vista, isto é, o da formação da inteligência e, notadamente, das operações lógicas. Estas observações sobre a linguagem e o pensamento serão agrupadas em três momentos principais: as relações entre a linguagem e o pensamento, em primeiro lugar, no momento da aquisição dos primórdios da linguagem; em segundo lugar, durante o período da aquisição das operações lógicas, que chamaremos concretas (certas operações da lógica das classes e das relações aplicadas, de 7 a 11 anos, aos objetos manipulados); e, enfim, em terceiro lugar, durante o período das operações formais ou interproposicionais (a lógica das proposições que se constitui entre 12 e 15 anos).

I. O PENSAMENTO E A FUNÇÃO SIMBÓLICA

Quando se compara uma criança de 2-3 anos, na posse das expressões verbais elementares, a um bebê de 8 a 10 meses, cujas únicas formas de inteligência são ainda de natureza senso-motora, ou seja, tendo apenas como instrumentos as percepções e movimentos, parece evidente à primeira vista que a linguagem modificou, profundamente, esta inteligência ativa, acrescentando-lhe o pensamento. É assim que, graças à linguagem, a criança se torna capaz de evocar situações não atuais e de se libertar das fronteiras do espaço próximo e do presente, isto é, dos limites do campo perceptivo; isto porque a inteligência senso-motora estava quase inteiramente confinada ao interior de tais fronteiras. Em segundo lugar, os objetos e acontecimentos, graças à linguagem, deixam de ser apenas alcançados na sua perceptiva imediatez, sendo inseridos em quadro conceitual e racional que enriquece proporcionalmente seu conhecimento. Em suma, fica-se tentado a comparar a criança, antes e depois da linguagem, isto é, de concluir com Watson e tantos outros, que a linguagem é a fonte do pensamento.

Mas, quando examinamos mais de perto as mudanças da inteligência produzidas no momento da aquisição da linguagem, apercebemo-nos de que esta não é a única responsável por tais transformações. As duas novidades essenciais que acabamos de lembrar podem ser consideradas, uma como começo da representação, a outra como início da esquematização representativa (conceitos etc.) em oposição à esquematização senso-motora que se refere às próprias ações ou às formas perceptivas. Ora, existem outras fontes, que não a linguagem, passíveis de explicar algumas representações e uma certa esquematização representativa. A linguagem é, necessariamente, interindividual, sendo constituída por um sistema de *signos* (= significantes "arbitrários" ou convencionais). Mas, ao lado da linguagem, a criança pequena – menos socializada que a de 7-8 anos e sobretudo que o próprio adulto – tem necessidade de outro sistema de significantes, mais individual e mais "motivado": os *símbolos*, cujas formas mais correntes na criança pequena se encontram no jogo simbólico ou de imaginação. Ora, o jogo simbólico aparece mais ou menos ao mesmo tempo que a linguagem – independente dela –, desempenhando importante papel no pensamento das crianças, a título de fonte de representações individuais (ao mesmo tempo cognitivas e afetivas) e de esquematização representativa, igualmente, individual. Por exemplo, a primeira forma de jogo simbólico que observei em um de meus filhos consistia em fingir que estava dormindo. Uma manhã, já bem acordada e sentada na cama de sua mãe, a criança percebeu um pedaço de lençol que lhe lembrou o canto de seu travesseiro (é preciso dizer que para dormir a criança mantinha sempre na sua mão o canto do travesseiro e colocava na boca o polegar da mesma mão). Pegou então o pedaço deste lençol, fechou firmemente a mão, colocou seu polegar na boca, fechou os olhos e, continuando sentada, sorriu largamente. Temos, aí, o exemplo de uma representação independente da linguagem, mas ligada a um símbolo lúdico, que consiste em gestos apropriados imitando os que acompanham comumente determinada ação. Ora, a ação assim representada não possui nada de presente ou de atual, referindo-se a um contexto ou a uma situação apenas evocada, o que constitui a característica da "representação".

Mas, o jogo simbólico não é a única forma de simbolismo individual. Pode-se citar uma segunda, que começa, também, na mesma época e desempenha, igualmente, papel importante na gênese da representação: é a "imitação retardada", ou seja, a imitação produzida pela primeira vez na ausência do modelo correspondente. Assim, uma de minhas filhas, ao receber um amiguinho, ficou surpreendida ao vê-lo ficar com raiva, gritar e bater os pés. Ela não reagiu na sua presença, mas depois de sua partida, imitou a cena sem qualquer cólera.

Em terceiro lugar, pode-se chegar até a classificar entre os símbolos individuais toda imaginação mental. A imagem, como se sabe hoje em dia, não é nem elemento do pensamento propriamente dito, nem continuação direta da percepção: é símbolo do objeto, que ainda não se manifesta no nível da inteligência senso-motora (sem o que a solução de vários problemas práticos seria muito mais fácil). A imagem pode ser concebida como imitação interiorizada: a imagem sonora é apenas a imitação interior do som correspondente e a imagem visual é o produto de imitação do objeto e da pessoa, seja pelo corpo inteiro, seja por movimentos oculares, quando se trata de forma de pequenas dimensões.

Assim, os três tipos de símbolos individuais que acabamos de citar (poder-se-iam acrescentar os símbolos oníricos, mas seria discussão muito longa) são derivados da imitação. Esta é, portanto, um dos possíveis termos intermediários entre as condutas sensomotoras e as condutas representativas, sendo, naturalmente, independente da linguagem, se bem que sirva para sua aquisição.

Podemos, então, admitir que exista uma função simbólica mais ampla que a linguagem, englobando, além do sistema de signos verbais, o do símbolo no sentido estrito. Pode-se dizer, então, que a origem do pensamento deve ser procurada na função simbólica. Mas também se pode, legitimamente, sustentar que a função simbólica se explica pela formação das representações. Com efeito, o próprio da função simbólica consiste numa diferenciação dos significantes (signos e símbolos) e dos significados (objetos ou acontecimentos, uns e outros esquemáticos ou conceitualizados). No terreno senso-motor, já existem sistemas de significações, pois toda percepção e toda adaptação cognitiva conferem significações (formas, fins ou meios etc.). Mas o único significante que as condutas senso-motoras conhecem é o *índice* (em oposição a signos e símbolos) ou o sinal (condutas condicionadas). Ora, o índice e o sinal são significantes, relativamente, indiferenciados de seus significados. Estes são apenas partes ou aspectos do significado e não representações que permitam a evocação. Conduzem ao significado como a parte conduz ao todo ou os meios ao fim, e não como um signo ou um símbolo que evoca pelo pensamento um objeto ou um acontecimento na sua própria ausência. A formação da função simbólica consiste, ao contrário, em diferenciar os significantes dos significados, de modo que os primeiros permitam a evocação da representação dos segundos. Perguntar-se se é a função simbólica que produz o pensamento ou se é o pensamento que permite a formação da função simbólica é, portanto, problema tão inútil quanto procurar se é o rio que orienta suas margens ou se são as margens que orientam o rio.

Mas como a linguagem é só uma forma particular da função simbólica, e como o símbolo individual é, certamente, mais simples que o signo coletivo, conclui-se que o pensamento precede a linguagem e que esta se limita a transformá-lo, profundamente, ajudando-a a atingir suas formas de equilíbrio através de uma esquematização mais desenvolvida e de uma abstração mais móvel.

II. A LINGUAGEM E AS OPERAÇÕES "CONCRETAS" DA LÓGICA

Não será a linguagem a única fonte de certas formas particulares de pensamento, como o pensamento lógico? Com efeito, é conhecida a tese de numerosos lógicos (círculo de Viena, empirismo lógico anglo-saxão etc.) sobre a natureza linguística da lógica, concebida como uma sintaxe e uma semântica gerais. Mas, ainda aqui, a psicologia genética permite reduzir às suas justas proporções certas teses passíveis de generalização, quando consideramos unicamente o pensamento adulto.

A primeira informação dos estudos sobre a formação das operações lógicas na criança é que estas não se constituem em bloco, mas se elaboram em duas etapas sucessivas. As operações proposicionais (lógica das proposições), com suas estruturas de conjunto particular – que são aquelas da rede (*lattice*) e de um grupo de quatro transformações (identidade, inversão, reciprocidade e correlatividade) –, só aparecem por volta de 11-12 anos e só se organizam, sistematicamente, entre 12 e 15 anos. Por outro lado, desde 7-8 anos se constituem sistemas de operações lógicas que ainda não se referem às proposições como tais, mas aos próprios objetos, suas classes e suas relações, só se organizando a propósito de manipulações reais ou imaginárias destes objetos. Este primeiro conjunto de operações, que chamaremos de "operações concretas", consiste apenas em operações aditivas e multiplicativas de classes e de relações: classificações, seriações, correspondências etc. Mas estas operações não esgotam toda a lógica das classes e das relações, constituindo apenas estruturas elementares de "agrupamentos", que são os *semilattices* e os grupos imperfeitos.

O problema das relações entre a linguagem e o pensamento pode ser colocado a propósito destas operações concretas nos seguintes termos: será a linguagem a única fonte das classificações, das seriações etc., que caracterizam a forma de pensamento ligada a estas operações? Ou então, ao contrário, serão estas últimas relativamente independentes da linguagem? Eis um exemplo bem simplificado: todos os Pássaros (= classe A) são Animais (= classe B), mas nem todos os Animais são Pássaros, pois existem Animais não Pássaros (classe A'). O problema é, então, saber se as operações $A + A' = B$ e $A = B - A'$ provêm só da linguagem, que permite agrupar os objetos em classes A, A' e B, ou se estas operações têm raízes mais profundas que a linguagem. Pode-se levantar um problema análogo a propósito das seriações $A < B < C...$ etc.

Ora, o estudo do desenvolvimento das operações na criança leva a uma constatação muito instrutiva: as operações que permitem reunir (+) ou dissociar (–) as classes ou relações são ações, propriamente ditas, antes de serem operações do pensamento. Antes de ser capaz de reunir ou dissociar as classes, relativamente gerais e abstratas, como as classes dos Pássaros ou dos Animais, a criança só saberá classificar as coleções de objetos de um mesmo campo perceptivo, reunidos ou dissociados pela manipulação, antes de o serem através da linguagem. Da mesma maneira, antes de ser capaz de seriar objetos evocados pela pura linguagem (por exemplo, no teste de Burt: "Edith é mais loura que Suzana e, ao mesmo tempo, mais morena que Lili; qual a mais morena das três?"), a criança só saberá construir séries sob forma de configurações no espaço, tal como as regras de tamanho crescente etc. As operações + – etc. são, então, coordenações entre ações, antes de poderem ser transpostas para uma forma verbal. Não é, portanto, a linguagem que causa a forma destas operações. A linguagem amplia, indefinidamente, seu poder, conferindo às operações uma mobilidade e uma generalidade que não possuiriam sem ela. Mas ela não é a origem de tais coordenações.

Temos, atualmente, algumas pesquisas em curso, em colaboração com Mlle. Inhelder e Mlle. Affolter, para determinar o que subsiste, no pensamento dos surdos-mudos, dos mecanismos próprios às operações concretas. Parece que as operações fundamentais inerentes à classificação e à seriação são mais amplamente representadas, neste caso, do que se costuma admitir.

Sem dúvida, sempre será possível responder que o surdo-mudo possui uma linguagem gestual e que a criança – construindo em ação, as classificações e seriações – adquiriu uma linguagem falada que pode transformar até as suas próprias manipulações.

Mas, é suficiente observarmos a inteligência senso-motora, anterior à aquisição da linguagem, para se achar nas coordenações práticas elementares o equivalente funcional das operações de reunião e de dissociação. Quando um bebê, durante o segundo ano,[1] levanta uma cobertura, sob a qual se tinha colocado um relógio, e percebe um boné ou um chapéu (que se tinha escondido lá, sem que ele soubesse e sob o qual se botou o relógio), levanta imediatamente o boné, esperando aí encontrar o relógio. Compreende, então, através da ação, uma espécie de transitividade das relações que se poderia exprimir em palavras, da seguinte maneira: "o relógio

---
[1] Ver PIAGET. **La construction du réel chez l'enfant**. Delachaux et Niestlé, 1937, cap. 1º.

estava sob o chapéu, o chapéu sob a cobertura, donde o relógio está sob a cobertura". Uma tal transitividade das ações constitui o equivalente funcional do que será, no plano representativo, a transitividade das relações seriais ou dos encaixamentos topológicos e mesmo das inclusões de classe. Sem dúvida, a linguagem fornecerá a estas últimas estruturas uma outra generalidade e mobilidade, diversas das que gozam as coordenações senso-motoras. Não se compreenderá, no entanto, de onde provêm as operações constitutivas dos encaixamentos representativos, se estas não tivessem suas raízes nas próprias coordenações senso-motoras. Grande número de exemplos análogos a este que acabamos de citar mostram bem que estas coordenações incluem, nas ações, espécies de reuniões e dissociações comparáveis, funcionalmente, às futuras operações do pensamento.

III. A LINGUAGEM E A LÓGICA DAS PROPOSIÇÕES

Mas, se é compreensível que as operações concretas de classes e de relações têm suas origens nas ações de reunir e dissociar, responder-se-á que as operações proposicionais (isto é, aquelas que caracterizam a "lógica das proposições" no sentido da lógica contemporânea) constituem, por outro lado, produto autêntico da própria linguagem. Com efeito, as implicações, disjunções, incompatibilidades etc., que caracterizam esta lógica, só aparecem por volta de 11-12 anos, em um nível em que o raciocínio se torna hipotético-dedutivo e se libera das suas ligações concretas para se situar em plano geral e abstrato. Neste plano só o pensamento verbal parece fornecer as condições para o aparecimento deste raciocínio.

Certamente, não negaremos o importante papel que a linguagem desempenha na formação de tais operações. Mas o problema não é, simplesmente, saber se ela constitui condição necessária, o que naturalmente admitimos: é o de saber se esta condição é, ao mesmo tempo, suficiente, isto é, se a linguagem ou o pensamento verbal, com um nível suficiente de desenvolvimento, fazem surgir estas operações *ex nihilo*; ou se, ao contrário, se limitam a permitir o término de uma estruturação que tenha suas origens nos sistemas de operações concretas, e, em consequência, através destas últimas, nas estruturas da própria ação.

Mas, se fizermos a psicologia das operações próprias à lógica das proposições, não se deve considerar nem a axiomatização logística, nem a simples enumeração, enquanto operações isoláveis. A realidade psicológica fundamental que caracteriza, psicologicamente, tais operações é a estrutura de conjunto, que as reúne em um mesmo sistema, caracterizando sua utilização algébrica (o "cálculo" das proposições).

Esta estrutura de conjunto é complexa e se liga, portanto, de modo necessário às estruturas operatórias próprias ao nível de 7 a 11 anos (operações concretas). Esta estrutura consiste, primeiramente, com efeito, em uma "rede" (ou *lattice*) no sentido em que se definiu esta noção em álgebra geral. O problema psicológico da formação das operações proposicionais consiste em determinar como o sujeito passa das estruturas concretas elementares (classificações, seriações, matrizes de dupla entrada etc.) para a estrutura da rede. A resposta a esta pergunta é fácil: o que distingue uma rede de uma classificação simples (como a classificação zoológica, por exemplo) é a intervenção de operações combinatórias. Assim é que as 16 operações bivalentes que são possíveis de se construir com duas proposições p e q resultam de uma combinatória. As quatro associações de base (p.q), (p.q), (p.q), (p.q) são isomorfas a uma simples multiplicação de classes $(P + P) \times (Q \times Q) = PQ \times PQ \times PQ \times PQ$, portanto, a uma operação já acessível a sujeitos de 7-8 anos. Mas a novidade das operações proposicionais é que estas quatro associações de base que chamaremos 1, 2, 3 e 4 dão lugar a 16 combinações: 1, 2, 3, 4, 12, 13, 14, 23, 24, 34, 123, 124, 134, 234, 1.234 e 0.

O problema, então, é saber se é a linguagem que torna possíveis tais operações combinatórias ou se estas operações se constituem independentemente da linguagem. Ora, a resposta dos fatos genéticos não deixava nenhuma dúvida a este respeito. As experiências de Mlle. Inhelder sobre o raciocínio experimental e sob a indução de tais leis físicas nos adolescentes, da mesma maneira que as pesquisas feitas, anteriormente, por ela e por mim sobre o desenvolvimento das operações combinatórias,[2] mostram que estas operações se formam por volta de 11-12 anos em todos os campos, ao mesmo tempo, e não só no plano verbal. É assim que, pedindo para os su-

---

[2]PIAGET; INHELDER. **La génèse de l'idée de hasard chez l'enfant**. Paris: PUF, 1951.

jeitos combinarem, segundo todas as combinações possíveis, 3 ou 4 fichas de cores diferentes, constata-se que, até por volta de 11-12 anos, as combinações ficam incompletas e são construídas sem método sistemático, enquanto, a partir desta idade, o sujeito consegue construir um sistema completo e metódico. Seria, então, bem difícil sustentar que este sistema é um produto de evolução da linguagem. Ao contrário, é o término das operações combinatórias que permite ao sujeito completar suas classificações verbais e de lhes fazer corresponder este sistema de ligações gerais que constituem as operações proposicionais.

Outro aspecto da estrutura de conjunto própria às operações proposicionais é o "grupo" das quatro transformações comutativas: a toda operação proposicional, como, por exemplo, a implicação (p,q) pode-se fazer corresponder um inverso N (p.$\bar{q}$), um recíproco R (q,p) e um correlativo C ($\bar{p}$.q). Na transformação idêntica (I), obtém-se então:

$CN = R;\ CR = N;\ RN = C$ e $RNC = I$

As duas principais destas quatro transformações são, então, a inversão ou negação (N) e a reciprocidade (R). A correlatividade C, com efeito, é apenas o recíproco do inverso ($RN = C$), ou, o que dá no mesmo, o inverso do recíproco ($NR = C$). O problema, novamente, é saber se é a linguagem que produz esta coordenação das transformações por inversão e por reciprocidade, ou se estas transformações preexistem à sua expressão verbal, a linguagem se limitando, assim, a facilitar sua utilização e sua coordenação.

Aqui, ainda, o exame dos fatos genéticos fornece uma resposta que se orienta bem mais no sentido de uma interação entre os mecanismos linguísticos e os mecanismos operatórios subjacentes, do que no sentido de uma preponderância do fato linguístico.

A inversão e a reciprocidade têm, portanto, suas raízes em camadas bem anteriores à função simbólica, camadas essas que são de natureza senso-motora. A inversão ou negação é apenas uma forma elaborada do processo que se encontra em todos os níveis do desenvolvimento. O bebê já sabe utilizar um objeto como intermediário e como meio para alcançar um fim e afastá-lo em seguida, quando se torna um obstáculo para a aquisição de um novo fim. É aos mecanismos de inibição nervosa (afastar as mãos e os braços depois de tê-los estendido em certa direção etc.) que é preciso retornar para obter as origens desta transformação por inversão ou negação. Por outro lado, para a reciprocidade, é preciso retornar às simetrias perceptivas e motoras, que são tão precoces quanto os mecanismos precedentes.

Mas se acompanharmos, no decorrer do desenvolvimento mental, a história paralela das diversas formas de inversão e de reciprocidade, observa-se com exatidão que sua coordenação, isto é, sua integração no sistema único que as implica só se efetua no nível das operações proposicionais com o "grupo" *INRC* descrito há pouco. Seria difícil sustentar que esta coordenação é obra apenas da linguagem. Ela provém da construção da estrutura de conjunto – participando, ao mesmo tempo, da "rede" e do "grupo" – que produz as operações proposicionais, e, portanto, não da expressão verbal destas operações. Em outras palavras, ela está na origem destas operações, e não constitui o seu resultado.

Nos três campos que acabamos de descrever rapidamente, constatamos, então, que a linguagem não é suficiente para explicar o pensamento, pois as estruturas que caracterizam esta última têm suas raízes na ação e nos mecanismos senso-motores que são mais profundos que o fato linguístico. Mas não é menos evidente que, quanto mais refinadas são as estruturas do pensamento, mais a linguagem será necessária para complementar a elaboração delas. A linguagem, portanto, é condição necessária, mas não suficiente para a construção das operações lógicas. Ela é necessária, pois, sem o sistema de expressão simbólica que constitui a linguagem, as operações permaneceriam no estado de ações sucessivas, sem jamais se integrar em sistemas simultâneos ou que contivessem, ao mesmo tempo, um conjunto de transformações solidárias. Por outro lado, sem a linguagem, as operações permaneceriam individuais e ignorariam, em consequência, esta regularização que resulta da troca interindividual e da cooperação. É neste duplo sentido de condensação simbólica e da regularização social que a linguagem é indispensável à elaboração do pensamento. Entre a linguagem e o pensamento existe, assim, um ciclo genético, de tal modo que um dos dois termos se apoia, necessariamente, sobre o outro, em formação solidária e em perpétua ação recíproca. Mas ambos dependem, no final das contas, da inteligência, que é anterior à linguagem e independente dela.

4

O PAPEL DA NOÇÃO DE EQUILÍBRIO NA EXPLICAÇÃO PSICOLÓGICA

Quase todas as escolas psicológicas apelam para a noção de equilíbrio, atribuindo-lhe um papel na explicação das condutas. É assim que P. Janet invocava esta noção na sua teoria das regulações afetivas e que Freud a utilizava, igualmente, neste mesmo campo. Claparède considerava a necessidade como expressão de um desequilíbrio e a satisfação o índice de uma reequilibração: a sucessão das condutas lhe aparecia, assim, como uma série de desequilíbrios momentâneos e de restabelecimentos de equilíbrio. A teoria da Gestalt estendeu este modo de interpretação às estruturas cognitivas (percepção e inteligência) e K. Lewin a desenvolveu na psicologia social, especialmente, pelo emprego da teoria dos gráficos. As teorias da aprendizagem e do condicionamento encontram, naturalmente, o problema do equilíbrio a propósito da estabilização das condutas. Quanto à teoria do desenvolvimento em geral, nós próprios, constantemente, apelamos para a noção de equilíbrio para explicar a gênese das estruturas operatórias e a passagem das regulações pré-operatórias para as operações propriamente ditas.

Colocam-se, então, dois grandes problemas em relação à noção de equilíbrio: 1º o que a noção de equilíbrio explica, isto é, o papel deste conceito na explicação psicológica; e 2º como se explica o próprio equilíbrio, isto é, qual é o modelo mais adequado para justificar um processo de equilibração.

São estes dois problemas que vamos examinar sucessivamente. Mas para prevenir qualquer mal-entendido, e com o risco de antecipar a segunda parte desta exposição, é útil precisar desde já que não concebemos de modo algum o equilíbrio psicológico como um balanceamento de forças em estado de repouso; vamos defini-lo, muito amplamente, pela compensação proveniente das atividades do sujeito em resposta às perturbações exteriores. Segue-se que o equilíbrio, assim definido, é compatível com a noção de sistema aberto. Talvez valesse mais a pena falar com L. V. Bertalanffy de um "estado estável em um sistema aberto." Mas o termo equilíbrio parece, no entanto, preferível, pois implica a ideia de compensação. Mas, agora, é preciso enfatizar que a perturbação exterior só poderia ser compensada por atividade: ao *maximum* de equilíbrio corresponderá, então, não um estado de repouso, mas um *maximum* de atividades do sujeito que compensarão, de um lado, as perturbações atuais, e, por outro lado, as perturbações virtuais (isto é essencial, e é importante desde já sublinhá-lo, em particular nos casos dos sistemas operatórios do pensamento em que o sujeito atinge o equilíbrio na medida em que é capaz de antecipar as perturbações, representando-as por operações ditas "diretas" e de compensá-las por antecedência, através de um jogo de operações "inversas").

O importante, na explicação psicológica, não é o equilíbrio enquanto estado, mas, sim, o próprio processo de equilibração. O equilíbrio é apenas um resultado, enquanto o processo, como tal, apresenta maior poder explicativo.

No que se segue, só nos ocuparemos dos mecanismos cognitivos, deixando de lado os fatores afetivos (motivação), não por princípio, mas para nos atermos mais ao que estudamos.

I. O QUE A NOÇÃO DE EQUILÍBRIO EXPLICA

Deve-se observar, em primeiro lugar, que o equilíbrio não é característica extrínseca ou acrescentada, mas propriedade intrínseca e constitutiva da vida orgânica e mental. Uma pedra, em relação ao seu ambiente, pode se achar em estados de equilíbrio estável, instável ou indiferente, nada disso alterando sua natureza. Um organismo em relação a seu meio apresenta, ao contrário, múltiplas formas de equilíbrio, desde o das posturas até a homeoestase, sendo estas formas necessárias à sua vida. Trata-se, então, de características intrínsecas; portanto, os desequilíbrios duradouros constituem estados patológicos, orgânicos ou mentais.

Além disso, existem no organismo órgãos especiais de equilíbrio. O mesmo acontece com a vida mental, onde os órgãos de equilíbrio são constituídos por mecanismos regularizadores especiais em todos os níveis: regularizações elementares da motivação (necessidade e interesses) até a vontade, no que diz respeito à vida afetiva, e regularizações perceptivas e senso-motoras até as operações propriamente ditas, no tocante à vida cognitiva. Com efeito, veremos que o papel das operações é antecipar as perturbações – modificando todo sistema representativo – e compensá-las, graças à reversibilidade completa que caracteriza, precisamente, os mecanismos operatórios, em oposição à semirreversibilidade das regularizações dos níveis anteriores.

A consideração dos problemas do equilíbrio é, portanto, indispensável para as explicações biológicas e psicológicas. Não insistiremos nesta necessidade no que se refere às teorias da aprendizagem, pois ela é óbvia, desde que se caracterize a aprendizagem como modificação duradoura (equilibrada) do comportamento, em função das aquisições devidas à experiência. Como, por um lado, não há certeza de que os modelos atuais da aprendizagem se apliquem às aquisições cognitivas superiores, e como é evidente que a aprendizagem constitui, entre outros, apenas um dos aspectos do desenvolvimento, é a partir deste último campo que gostaríamos de começar.

A teoria do desenvolvimento, infelizmente, é bem menos elaborada que a da aprendizagem, porque ela enfrentou a dificuldade fundamental de dissociar os fatores internos (maturação) dos fatores externos (ações do meio). Mas, esta mesma dificuldade é útil para nós, como veremos. Os três fatores clássicos do desenvolvimento são a hereditariedade, o meio físico e o meio social. Mas nunca se observou uma conduta devida à maturação pura, sem elementos de exercício, nem uma ação do meio que não se vá inserir nas estruturas internas. A situação é a mesma em biologia: não existe genótipo, mesmo em cultura pura, que não se encarne em fenótipos variados (pois o genótipo é o que há de comum a todos os fenótipos correspondentes, não constituindo, então, uma realidade a ser colocada no mesmo plano que os fenótipos) e não existe fenótipo que não seja relativo a um genótipo (ou a uma mistura de genótipos). Levando-se em conta, então, esta interação fundamental entre fatores internos e externos, toda conduta é uma *assimilação* do dado a esquemas anteriores (assimilações a esquemas hereditários em graus diversos de profundidade) e toda conduta é, ao mesmo tempo, *acomodação* destes esquemas à situação atual. Daí resulta que a teoria do desenvolvimento apela, necessariamente, para a noção de equilíbrio, pois toda conduta tende a assegurar equilíbrio entre os fatores internos e externos ou, mais em geral, entre a assimilação e a acomodação.

Há mais, porém. O fator de equilíbrio deve ser considerado, na verdade, como quarto fator, acrescentando aos três precedentes (de maturação e de meio físico ou social). Mas não acréscimo aditivo, pois age a título de coordenação necessária entre os fatores elementares, que não são isoláveis. Constitui quarto fator, primeiramente, porque é mais geral que os três primeiros, e depois porque pode ser analisado de maneira relativamente autônoma. Esta autonomia, no entanto, não significa que seja independente dos outros três, pois há uma interferência contínua, mas que depende de modos de interpretação próprios, fundamentados em considerações puramente probabilísticas. Por exemplo, na medida em que o segundo princípio da termodinâmica se aplica aos fenômenos vitais (e Bertalanffy mostrou que isto não era contraditório nem com a noção de um sistema aberto nem com a diferenciação crescente das estruturas orgânicas), não se poderá considerar o crescimento da entropia nem como mecanismo inato, nem como aquisição (física ou sobretudo social). Tratar-se-á de forma particular de causalidade estatística ou probabilística, fundamentada na interdependência mesma dos fenômenos. Sem dúvida, as explicações deste gênero serão mais arbitrárias que as provenientes da causalidade clássica linear, mas serão independentes da análise em relação aos três outros fatores.

Pode-se fazer, no entanto, grave objeção. Quando se sustenta que o desenvolvimento consiste em equilibração progressiva, deparamo-nos com dupla dificuldade: o desenvolvimento aparece como sucessão de estados não estáveis, até o termo final, e mesmo no fim das séries genéticas, os estados estáveis permanecem excepcionais. Poder-se-ia, então, sustentar que a explicação através de equilíbrio só cobre um campo, extremamente limitado, reduzindo-se de fato ao das estruturas lógico-matemáticas. Estas últimas, uma vez construídas, ficam estáveis durante a vida. A série dos números inteiros, as estruturas lógicas de classes, de relações e de proposições, por exemplo, não se modificam no sujeito, embora possam ser integradas em estruturas mais complexas. Tendo suas raízes na vida mental e se completando na vida social, elas constituem, uma vez elaboradas, modelos surpreendentes de equilíbrio, tanto na história quanto no desenvolvimento individual. Pode-se então supor que a noção de equilíbrio cognitivo só se aplica a tais casos particulares em oposição à grande massa de processos intelectuais em perpétuo desequilíbrio (já que cada problema, teórico ou prático, manifesta a existência de uma lacuna, isto é, de um desequilíbrio).

Mas a objeção só é real para certa interpretação limitativa das operações lógico-matemáticas, que as considera tardias e de aplicação restrita. Tudo se modifica quando se reconhece nelas o resultado final de um processo geral de equilibração a partir de estruturas pré-lógicas (regulações senso-motoras, perceptivas e representativas do nível pré-operatório), mas parcialmente isomorfas à lógica.

Ora, existem duas possíveis interpretações psicológicas das estruturas lógico-matemáticas. Na primeira (que é de inspiração empirista), essas estruturas dependem de coordenações posteriores e que se aplicam a conteúdos descobertos, independentemente delas. Elaborar-se-ia em primeiro lugar um conjunto de conhecimentos devidos à percepção etc., sendo que sua aquisição não comportaria o exercício de nenhuma lógica. Em segundo lugar, interviriam as coordenações lógico-matemáticas destes conteúdos prévios. De acordo com a segunda interpretação (que é de inspiração racionalista ou dialética), seria impossível descobrir qualquer conteúdo sem uma estruturação que comportasse um isomorfismo, ao menos parcial, com a lógica; neste caso, as estruturas lógico-matemáticas, assim como as estruturas pré-lógicas e pré-matemáticas, que são seus esboços, constituiriam instrumentos de aquisição de conhecimentos, e não somente coordenações posteriores.

Veem-se, então, as consequências desses dois tipos de interpretação no que se refere ao problema do equilíbrio. Segundo a primeira interpretação, as estruturas lógicas, enquanto coordenações tardias e de origem estranha aos processos formadores dos conhecimentos, explicam seu próprio equilíbrio; neste caso, a noção de equilíbrio seria subordinada àquela da estrutura coordenadora e perderia seu valor explicativo. Na segunda interpretação, ao contrário, as estruturas lógicas resultariam da equilibração progressiva de estruturas pré-lógicas, que são seus esboços, sendo esta equilibração a explicação da passagem de umas para outras, e portanto da formação, e, sobretudo, da complementação das estruturas lógico-matemáticas.

Ora, todas as nossas pesquisas realizadas durante anos chegaram a mostrar – não que haja lógica em tudo, o que seria absurdo (as primeiras "operações concretas" referentes às classes, às relações e aos números só começam com 7-8 anos, e as operações proposicionais ou formais em torno de 11 ou 12 anos, somente) – que existem, em quase todos os níveis, estruturas que esboçam a lógica, e que se equilibrando, progressivamente, chegam às estruturas lógico-matemáticas. É assim que desde os esquemas senso-motores encontramos pré-formações anunciando as classificações, os relacionamentos e as inferências (transitividades etc.) e que desde a percepção discernimos estruturas semelhantes (daí a volta a Helmohltz, que se manifesta no *new look* de Bruner e Postman, na *transaction theory* etc.).

Em nosso Centro de Epistemologia Genética de Genebra, colocamos, entre outras, a questão de saber se existe no sujeito uma fronteira definida e estável entre a constatação e a inferência. Nunca chegamos a atingir uma constatação pura, que seria anterior a toda estrutura lógica ou pré-lógica. Assim, apresentando a crianças de diferentes níveis duas fileiras de quatro fichas, fileiras paralelas, mas desiguais em comprimento, e com ou sem traços ligando os elementos de uma aos da outra, constata-se que a percepção da igualdade das duas coleções (em apresentação rápida) varia segundo o nível do desenvolvimento. Conforme o sujeito possua ou não um esquema de correspondência, e de acordo com o grau de elaboração deste esquema, a percepção é modificada graças a tipos de "pré-inferências" análogas àquelas que Helmholtz já invocava. É então, justamente, sobre o terreno da percepção e no interior de seus próprios mecanismos que se acha o problema de distinguir o que é dado e os elementos inferenciais que permitem sua interpretação.

Resumindo, as estruturas lógicas são prefiguradas em todos os níveis por estruturas mais frágeis, mas que lhes são parcialmente isomorfas e que constituem seus esboços. Quando distinguimos as estruturas propriamente lógicas da sua reversibilidade completa – isto é, do fato de que as operações diretas e inversas se compensam exatamente e realizam, assim, um equilíbrio permanente – o fato fundamental que caracteriza a situação genética dessas estruturas é que, graças a esses esboços reconhecíveis desde os níveis elementares, as estruturas reversíveis são preparadas por um conjunto de estruturas semirreversíveis, quer dizer, semiequilibradas e com compensações somente aproximadas. Essas estruturas semirreversíveis, que prenunciam as estruturas lógicas, são o conjunto de retroações e antecipações senso-motoras, e, portanto, o conjunto dos processos reguladores, cujas formas progressivas de compensações asseguram um equilíbrio gradual. Este chega, no fim das contas, à reversibilidade lógica. É assim que os *feedbacks* ou referências constituem os processos de equilibração, cujas compensações prefiguram a reversibilidade. As antecipações dessas retroações preparam, por seu lado, a mobilidade operatória. E a união das retroações e das antecipações realiza um esforço do que serão as operações reversíveis quando as compensações forem, ao mesmo tempo, completas e permanentes.

Em suma, o desenvolvimento das funções cognitivas é caracterizado por uma sucessão de etapas, das quais só as últimas (a partir de 7-8 e de 11-12 anos) marcam o término das estruturas operatórias ou lógicas; cada uma dessas etapas, desde as primeiras, se orienta nesta direção. Um tal desenvolvimento consiste, antes de tudo, em processo de equilibração, sendo a diferença entre as estruturas lógicas e pré-lógicas relacionada, essencialmente, com o caráter aproximado ou completo das compensações em jogo, e, portanto, com o grau de reversibilidade atingido pelas estruturas. Isto porque a reversibilidade não depende de uma lei do tudo ou nada, mas comporta uma infinidade de gradações a partir das regularizações mais elementares.

Não é portanto, de modo algum, exagero falar-se do papel explicativo central da noção de equilíbrio nas questões do desenvolvimento das funções cognitivas. Mas permanece o problema de como explicar a passagem das estruturas pouco equilibradas ou instáveis (senso-motoras e perceptivas) às formas equilibradas superiores (operações lógicas). É isto que nos leva agora a procurar a explicação do próprio equilíbrio.

II. OS MODELOS DE EQUILÍBRIO

Existe grande número de modelos de equilíbrio, em mecânica, em termodinâmica, na físico-química, em biologia, em econometria etc. e todas as linguagens foram utilizadas nesse assunto. Vamo-nos deter apenas em três, porque foram aplicadas ou porque são aplicáveis à psicologia.

O primeiro que se imagina é, naturalmente, o do equilíbrio das forças em uma estrutura de campo, o equilíbrio se definindo, então, por um balanceamento exato das forças (soma algébrica nula dos trabalhos virtuais). Neste sentido é que se orientam os trabalhos gestaltistas no campo da percepção e no da inteligência. Mas, no atual estado de conhecimentos, sabe-se que tal modelo já suscita objeções no terreno biológico. A homeostase, na verdade, não comporta balanceamento exato, mas mostra, com frequência, excessos por proteção e como que por precaução, no caso de perturbações. No terreno perceptivo acontece *a fortiori* o mesmo: a imagem que os fatos sugerem não é a de um balanceamento preciso, mas a de uma proteção contra o erro. Assim é que as constâncias perceptivas – que deveriam ser, por suas naturezas de conservação através das transformações, a sede de "balanceamentos" rigorosos – mostram, ao contrário, supercompensações notáveis. Por exemplo, a constância das grandezas (sobre as quais retomei o estudo genético com Lambercie através de várias técnicas) dá lugar nas crianças pequenas a uma subconstância sistemática em média, e nas maiores e nos adultos a uma superconstância, não menos sistemática em média, só passando por um balanceamento, momentaneamente exato (em média), por volta da idade de 9-10 anos.

No terreno das funções cognitivas superiores, a imagem de um balanceamento das forças é ainda mais inadequada, por causa do jogo de redundâncias de que se utiliza, precisamente, a lógica. Se as superconstâncias perceptivas já mostram uma atitude de precaução contra o erro, pode-se considerar a lógica inteira, do ponto de vista da teoria da informação, como um sistema de pré-correção dos erros, como mostrou L. Apostel no nosso Centro.[1] Esse sistema comporta um conjunto de atividades antecipatórias, cuja reversi-

---

[1] Ver **Logique, langage et théorie de l'information**. Paris: PUF., Cap. II.

bilidade (a estrutura do "grupo" etc.) é inerente a estas atividades como tais. Não se poderia, então, falar de balanceamento de forças, num sentido atual ou estático, mas, sim, e apenas, de um sistema de compensações, interessando as próprias transformações.

Um segundo modelo de equilíbrio é o modelo probabilístico puro, utilizado por Ashby no seu esclarecedor estudo sobre a dinâmica cerebral (*Psychometrica*, 1947). Existem processos nervosos de equilibração se manifestando através da criação de hábitos para as pequenas compensações e através das adaptações novas para as perturbações mais complexas. Ashby os explica por meio de uma probabilidade crescendo, indefinidamente, em um sistema comutativo (representado aqui pelo organismo e seu meio). Tal modelo deve ser mantido para a psicologia, mas deve ser traduzido em termos de atividades diferenciadas.

O terceiro modelo, então, será o do equilíbrio por compensação entre as perturbações exteriores e as atividades do sujeito. Estas atividades poderão, por exemplo, ser descritas em termos de estratégia, na linguagem da teoria dos jogos, estratégias essas que têm a intenção de diminuir as perdas e aumentar os ganhos de informação, seja segundo o critério habitual (Bays), seja diminuindo as supostas perdas máximas (*minima*). O equilíbrio corresponderá, assim, ao ponto de sela da matriz de valor, não exprimindo, de modo nenhum, estado de repouso, mas, sim, jogo de compensações que comporta um *maximum* de atividades por parte do sujeito.

Mas esta linguagem das estratégias comportará uma tradução probabilística; cada estratégia, com efeito, deve ser caracterizada por uma probabilidade (objetiva), de tal modo que possamos, no caso em que a construção da matriz de valor é duvidosa, limitar-nos a simples descrição probabilística das reações sucessivas. É o que faremos nos exemplos a seguir.

A esse respeito, é conveniente fornecer um ou dois exemplos de explicação do equilíbrio, para insistir, primeiramente, no fato de que o equilíbrio cognitivo é sempre "móvel" (o que não exclui em nada sua estabilidade eventual) e para ressaltar, em seguida, o fato de que ele é sempre um sistema de compensações prováveis das perturbações exteriores, através das atividades do sujeito. Nosso primeiro exemplo será de ordem perceptiva, pois se as estruturas perceptivas são bastante pouco estáveis comparadas às estruturas lógicas, esta comparação é interessante do duplo ponto de vista das diferenças e semelhanças. Quando se apresenta uma ilusão ótico-geométrica, em um taquistoscópio, com tempos de apresentação variando entre 0,02 e 1 seg., constata-se, como já o tínhamos feito com V. Bang e B. Matalon, que a ilusão, em geral muito fraca para os tempos muito curtos, passa, comumente, para um *maximum* por volta de 0,1 a 0,5 seg., decrescendo, em seguida, lentamente, até um nível estável. Este *maximum* depende do ponto de fixação (e permanece ausente para certos pontos), podendo traduzir uma ilusão em positivo ou negativo (por exemplo, na ilusão de Delboeuf, este máximo é negativo em adultos, como se o anel, entre os dois círculos, fosse superavaliado nas pequenas durações, enquanto o *maximum* é positivo nas crianças, como se o próprio círculo interior fosse superavaliado, talvez por indiferenciação relativa com o círculo exterior). Ora, este *maximum* temporal, que não deve ser confundido com o *maximum* espacial das ilusões ligado a certas proporções da figura (segundo a lei das centralizações relativas que formulamos), é interessante do ponto de vista do equilíbrio perceptivo. Confirma, com efeito, a dualidade dos fatores em jogo: a perturbação devida às características da figura e as compensações devidas às atividades do sujeito. Admitindo-se que a uma centralização do olhar sobre um ponto da figura corresponda um conjunto de "encontros" entre as partes desta e os elementos dos órgãos receptores, o comprimento aparente de um dos traços da figura será proporcional ao número destes encontros (assim a avaliação absoluta pode variar com o tempo da apresentação). Chama-se, por outro lado, de "acasalamento" à correspondência entre os encontros sobre um dos traços e os que se produzem sobre um outro. Este acasalamento ficará completo quando os encontros forem homogêneos sobre os dois traços (não haverá então superavaliação relativa qualquer que seja a avaliação absoluta) e incompleto quando os encontros forem heterogêneos (haverá, então, uma superavaliação relativa do traço favorecido). Como regra geral, a probabilidade é fraca para que o acasalamento seja completo, isto é, para que os encontros sejam homogêneos; daí a grande probabilidade das deformações ou "ilusões". Mas, duas situações aumentam a probabilidade dos acasalamentos mais completos, portanto, dos encontros homogêneos e da diminuição da ilusão: aquela em que os encontros são pouco numerosos, com tempos muito curtos de apresentação, e aquela em que os encontros são muito numerosos e tendem à saturação, como no caso da exploração detalhada em visão livre, ou com tempos longos de apresentação taquistoscópica. Representando-se o crescimento dos encontros com a duração do tempo por uma curva logarítmica (e não por uma reta, pois um ponto já encontrado não acrescenta nada na ocasião de um segundo encontro), as estimativas dos dois traços a comparar sobre uma figura vão-se exprimir por duas curvas logarítmicas com origem comum, próximas no ponto de partida, afastando-se cada vez mais e depois tendendo a se reunirem de novo, no caso de longas durações de apresentação. O *maximum* temporal corresponde, portanto, ao afastamento *maximum* entre as duas curvas (por exemplo, conferindo uma probabilidade de 0,5 e de 0,6 ao crescimento dos encontros sobre os dois traços, o cálculo dá um *maximum* temporal para 0,2 a 0,3 seg., o que corresponde à ordem da grandeza observada).

Em tal caso, o equilíbrio, permanecendo instável, não corresponde ao *maximum*, mas sim ao nível final; neste nível, as duas curvas logarítmicas apresentam leve afastamento – relativamente constante – que corresponde à ilusão média em visão livre. Neste caso, então, o equilíbrio provém de dois fatores: de um sistema de compensações entre as perturbações devidas à figura (opondo-se a homogeneidade dos encontros e se traduzindo pelas deformações devidas à centralização) e de uma atividade do sujeito tendente ao acasalamento completo (descentralização) por homogeneização dos encontros. Pode-se falar, a esse respeito, de estratégias perceptivas que consistem em escolher os melhores pontos de centralização para minimizar as deformações devidas aos acasalamentos incompletos (= encontros heterogêneos); isto prova que, após *n* repetições, o adulto pode chegar a ilusões nulas. O equilíbrio perceptivo, embora instável, já é, portanto, devido às atividades do sujeito que tendem a compensar as perturbações dos fatores de deformação.

Um exemplo análogo de equilíbrio cognitivo será o do processo que chega às noções de conservação (tal como a conservação da matéria no caso da transformação de uma bolinha de argila em salsicha). A estratégia mais provável no início é a centralização (representativa e não perceptiva) sobre apenas uma das características transformadas;[2] por exemplo, a quantidade aumenta porque o objeto se alonga. Alcançando este resultado, a estratégia que se torna, portanto, a mais provável, consiste em observar a segunda característica transformada, e em supor que a quantidade diminua porque a salsicha se adelgaça. Este estado atinge uma nova estratégia, que se torna o mais provável em função das duas precedentes (a segunda, podendo ser muito rapidamente superada). Esta estratégia consiste em oscilar entre as duas dimensões e em observar a solidariedade (sem proporções exatas) do alongamento da salsicha e de seu adelgaçamento. Esta terceira reação leva a uma acentuação, nas transformações, em oposição às configurações estáticas, que eram as únicas consideradas no início. Segue-se, neste caso, uma quarta estratégia, através da descoberta das compensações entre as transformações e através da aceitação da conservação.

Este exemplo é muito representativo da equilibração progressiva que conduz a uma estrutura lógica ou "necessária". Fora a primeira estratégia, que é a mais provável no início, cada uma das seguintes se *torna* mais provável em função dos resultados da precedente por uma série de controles sequenciais. O equilíbrio final é, então, produto de compensação das perturbações por atividades do sujeito, elas próprias caracterizadas por suas probabilidades sucessivas.

Seria fácil dar explicação análoga da descoberta dos métodos operatórios de seriação: as estratégias sucessivas estariam fundadas nos métodos ascendentes e descendentes, reunidos em um todo no sistema operatório. A mesma explicação é igualmente válida para a construção das inclusões, próprias às classificações hierárquicas que comportam, no mesmo modo, uma síntese progressiva dos métodos ascendentes (A < B < C...) e descendentes (... C > B > A). Mas tudo isto já foi exposto no nosso estudo sobre **Lógica e equilíbrio**.[3]

---

[2]Por esta razão é que se a consideração de uma das características tem probabilidade $1/n$ e a da outra probabilidade $1/m$, a das duas, ao mesmo tempo, para um sujeito que as suponha independentes, será de $1/nm < 1/n$ e $< 1/m$.
[3]APOSTEL; MANDELBROT; PIAGET. **Logique et équilibre**. Études d'Épistémologie, Genétique. Paris: PUF, Cap. II.

III. CONCLUSÃO

De modo geral, o equilíbrio das estruturas cognitivas deve ser concebido como compensação das perturbações exteriores por meio das atividades do sujeito, que serão as respostas a essas perturbações. Mas estas últimas podem se apresentar de duas maneiras diferentes.

No caso das formas inferiores de equilíbrio, sem estabilidade (formas senso-motoras e perceptivas), as perturbações consistem em modificações reais e atuais do meio, às quais as atividades compensatórias do sujeito respondem, então, como podem, sem sistema permanente (tais são as formas de equilíbrio descritas acima a propósito da lei do *maximum* temporal das ilusões).

No caso das estruturas superiores ou operatórias, por outro lado, as perturbações, às quais o sujeito responde, podem consistir em modificações virtuais, isto é, nos casos *optimum* podem ser imaginadas e antecipadas pelo sujeito sob forma de operações diretas de um sistema (operações exprimindo transformações em sentido inicial qualquer); neste caso, as atividades compensatórias consistirão, igualmente, em imaginar e antecipar as transformações, mas no sentido inverso (operações recíprocas ou inversas de um sistema de operações reversíveis).

Em suma, as compensações começam por se efetuar por aproximação, mas terminam podendo-se apresentar como puras representações das transformações – as perturbações como as compensações, reduzindo-se, então, a certas operações do sistema. Entre os dois casos extremos, encontram-se, naturalmente, todos os intermediários (organizações senso-motoras, tais como o esquema do objeto permanente, constâncias perceptivas, indução das probabilidades representativas etc.).

Considerando as estruturas operatórias (lógico-matemáticas) – as estruturas mais equilibradas, portanto –, constata-se, primeiramente, que cada uma delas constitui o sistema de todas as transformações possíveis para uma certa classe de transformações (por exemplo, os agrupamentos de classificação ou a combinatória da lógica das proposições etc.). A seguir, constata-se que, entre as transformações, algumas podem ser encaradas como modificações do sistema (as perturbações).

Assim, as transformações inversas consistirão, então, em compensações virtuais das primeiras. Deste modo, o sistema operatório é comparável ao que em física se chama sistema de trabalhos virtuais, cuja soma algébrica é nula. Mas, no caso do sistema físico, os trabalhos virtuais, não sendo "reais" por definição, existem apenas no espírito do físico. No caso do sistema operatório, ao contrário, as transformações virtuais existem no espírito do sujeito; e sendo este último o próprio objeto dos estudos do psicólogo, as transformações virtuais corresponderão às operações reais do sujeito. É por este motivo que a noção de equilíbrio tem valor explicativo em psicologia.

Em resumo, o equilíbrio psicológico estável e final das estruturas cognitivas se confunde, de maneira idêntica, com a reversibilidade das operações, pois as operações inversas compensam exatamente as transformações diretas. Mas, então, se coloca um último problema: será a reversibilidade constitutiva da natureza das operações que produz o equilíbrio? Ou será a equilibração progressiva das ações (passando por estágios de simples regulações, com retroações, e antecipações) que produz a reversibilidade final? É exatamente aqui que os resultados da análise genética nos parecem decisivos. Como as "compensações" correspondem às perturbações, e se ajustam, de maneira muito progressiva (a princípio incompleta), a reversibilidade operatória, que exprime as compensações completas, constitui o resultado e não a causa desta equilibração gradual.

Mas isto não impede que as estruturas operatórias, uma vez constituídas, tenham acesso ao nível dos instrumentos ou órgãos das equilibrações ulteriores.

5

PROBLEMAS DE PSICOLOGIA GENÉTICA

O propósito deste estudo não é apenas comunicar alguns resultados recentes de nossas pesquisas, mas, também, indicar com que sentido elas são empreendidas; ou, em outras palavras, com que objetivos estudamos, já há mais de 30 anos, a inteligência da criança, e há mais de 10 anos, o desenvolvimento das percepções em função da idade.

Podemos, naturalmente, nos dedicar aos estudos de psicologia da criança para conhecer melhor a própria criança ou com o objetivo de aperfeiçoar os métodos pedagógicos. Mas estes objetivos, comuns a todos os trabalhos em psicologia genética, são evidentes, e por isso não insistiremos mais neste ponto. Nossa preocupação, que se soma às precedentes sem contradizê-las, é ainda mais ambiciosa. Acreditamos que toda pesquisa em psicologia científica deve partir do desenvolvimento, e que a formação dos mecanismos mentais na criança é o que melhor explica a natureza e o funcionamento desses mecanismos no adulto. O objetivo essencial da psicologia infantil nos parece, portanto, a constituição de um método explicativo para a psicologia científica em geral, ou seja, o fornecimento de uma dimensão genética indispensável à solução de todos os problemas mentais. Assim, no domínio da inteligência, é impossível fornecer uma interpretação psicológica exata das operações lógicas, das noções de número, de espaço, de tempo etc., sem estudar previamente o desenvolvimento destas operações e destas noções: desenvolvimento social, bem entendido, na história das sociedades e das diversas formas coletivas de pensamento (história do pensamento científico em particular), e também desenvolvimento individual (o que não tem nada de contraditório, pois o desenvolvimento da criança constitui, entre outros, uma socialização progressiva do indivíduo). Por outro lado, no campo das percepções, não se poderia construir uma teoria exata das "constâncias" perceptivas, das ilusões geométricas, das estruturações do espaço perceptivo segundo as coordenadas horizontais e verticais etc., sem estudar previamente o desenvolvimento destes fenômenos, nem que fosse apenas para nos precavermos contra as hipóteses muito fáceis do inatismo.

I. INATISMO E AQUISIÇÃO

Começando por este grande problema, diremos que somente o exame da formação psicológica das condutas permite conhecer a partir de inatismo eventual de alguns de seus elementos e a parte de aquisição, seja esta pela experiência ou pela influência social. Com frequência pretendeu-se, por exemplo, que existisse na criança um "instinto de imitação". Ora, o estudo da formação da imitação entre 4 a 6 e 18 a 24 meses permite, ao contrário, acompanhar, passo a passo, a verdadeira aprendizagem que esta função implica e as ligações entre esta aprendizagem e a inteligência senso-motora em desenvolvimento. Observam-se claramente "erros" de imitação a este respeito: um de meus filhos, em presença do modelo, que consistia em abrir e fechar os olhos, começou a responder abrindo e fechando a boca![1]

Aliás, a recorrência ao inatismo não resolve nunca os problemas, mas os remove simplesmente para a biologia e, enquanto a questão fundamental da hereditariedade do adquirido não for resolvida em definitivo, pode-se supor sempre que, na origem de um mecanismo inato, se encontrarão fatores de aquisição em função do meio. Acreditamos, pessoalmente, que é impossível explicar as condutas senso-motoras inatas sem esta hipótese da hereditariedade do adquirido. Isto é mais razoável, em particular, no caso dos reflexos

---

[1]PIAGET, J. **La formation du symbole chez l'enfant (imitation et jeu)**. Paris et Neuchâtel: Delachaux et Niestlé, 1945.

(absolutos) que estão no ponto de partida das reações senso-motoras mais importantes do primeiro ano, incluindo a própria inteligência senso-motora.[2] Para formarmos opinião sobre este problema essencial, analisamos há alguns anos (depois de termos estudado anteriormente a zoologia dos moluscos, antes de fazermos a psicologia da criança) um caso interessante de adaptação senso-motora na *Limnaea Stagnalis* (e um caso que, apesar das aparências, toca de perto a psicologia do desenvolvimento!). A *Limnaea Stagnalis* é um molusco de água doce que apresenta uma forma alongada nos pântanos, mas que nos grandes lagos de margens planas e pedregosas toma, ao contrário, forma contraída e globulosa por causa dos movimentos que o animal faz, durante seu crescimento, para resistir à agitação da água (contração do músculo columelário, que está fixado à espira, e aumento da abertura pela aplicação reflexa da sola pediosa sobre os pedregulhos). Estudando num aquário a hereditariedade destes Limneus contraídos dos lagos (com desenvolvimento em linha pura, cruzamento com outras raças etc.), pudemos constatar que esta forma não é um simples fenótipo, mas é perfeitamente hereditária, com uma estabilidade controlada durante seis a sete gerações.[3] Os mutacionistas responderam-me, naturalmente, que se tratava de uma mutação fortuita, que sobrevive nos lagos, mas é eliminada nas águas dos pântanos por uma razão qualquer. O interesse único deste caso é que, se a forma alongada não pode viver nos lagos nas regiões pedregosas expostas às ondas, a forma contraída pode viver em qualquer lugar. Nós a transplantamos, há 27 anos, para um pântano, onde seus descendentes prosperam, conservando ainda a forma do lago. Portanto, é bem difícil explicar pelo acaso a formação desta raça adaptada aos movimentos da água e que só se observa nas margens mais expostas dos grandes lagos! Não vemos outra explicação possível neste exemplo, senão a da intervenção de uma ação do meio sobre o mecanismo reflexo e sobre a morfogênese.

---

[2]PIAGET, J. **La naissance de l'intelligence chez l'enfant.** Delachaux et Niestlé, 1946.
[3]PIAGET, J. L'adaptation de la Limnaea Stagnalis aux milieux lacustres de la Suisse romande. **Revue Suisse de Zoologie**, t. 36, p. 263-531, 1929, e Les races lacustres de la Limnaea Stagnalis, Recherches sur les rapports de l'adaptation héréditaires avec le milieu. **Bulletin biologique de France et de Belgique**. t. LXIII, p. 429-455, 1929.

Voltando à criança, se admitíssemos alguns elementos inatos, como por exemplo na percepção do espaço (embora não provado, isto não está excluído no que se refere às três dimensões, já que não conseguimos imaginar, mas apenas conceber um espaço de 4 ou n dimensões), restaria saber se se trata de uma hereditariedade endógena ou de uma hereditariedade a partir de aquisições ancestrais em função do meio e da experiência.

Esta dupla possibilidade se aplica, em particular, a um fator cujo alcance tem sido certamente exagerado na psicologia da criança, se bem que represente papel inegável: trata-se da maturação do sistema nervoso, sobre a qual A. Gessell fundamentou todos os seus trabalhos e H. Waollon parte dos seus. Duas observações se impõem a este respeito em adição ao que acabamos de lembrar sobre a hereditariedade do adquirido.

A primeira é que a maturação, sem dúvida alguma, nunca aparece independente de certo exercício funcional, onde a experiência desempenha, portanto, seu papel. Admite-se, em geral, desde as pesquisas de Tournay, que a coordenação entre a visão e a preensão se efetua por volta dos 4 meses e meio (mielinização do feixe piramidal). Ora, nos meus três filhos (nascidos dentro do prazo) os três sinais concomitantes desta coordenação (apanhar um objeto dentro do campo visual, trazer diante dos olhos um objeto fora do campo visual) produziram-se aos 6 meses num deles, aos 4 meses e meio na segunda, e na terceira aos 3 meses, sem que existisse entre elas diferença significativa de nível intelectual.[4] Acontece que a primeira criança foi objeto de poucas experiências, enquanto eu havia feito com a terceira uma série de ensaios de imitação dos movimentos da mão, desde os 2 meses de idade. O exercício parece, então, desempenhar um papel na aceleração ou retardo de certas formas de maturação.

A segunda observação é que a maturação do sistema nervoso abre praticamente uma série de possibilidades (e a não maturação acarreta uma série de impossibilidades), mas sem que estas deem lugar a uma atualização imediata, enquanto as condições de experiência material ou de interação social não levarem a esta mesma

---

[4]PIAGET, J. **La naissance de l'intelligence chez l'enfant**. Delachaux et Niestlé, 1948, Cap. III.

atualização. Pode-se perguntar, por exemplo, se as operações lógicas são inatas na criança (o que mais de 30 anos de estudo sobre o assunto nos conduziu a considerar como pouco provável), e um dos argumentos que se poderia invocar a favor deste inatismo seria o de que as próprias conexões nervosas apresentam certa estrutura isomorfa àquela da lógica. A lei neurológica do tudo ou nada pode, com efeito, se traduzir por uma aritmética binária (1 e/0) isomorfa à álgebra de Boole, e W. McCulloch, com a colaboração de Pitts, mostrou que as conexões nervosas adquirem a forma das diversas operações da lógica das funções preposicionais (disjunção, conjunção, exclusão etc.). Mas, ainda que se admita de bom grado que estes fatos constituam condição necessária para a formação da lógica, não achamos que eles sejam sua condição suficiente, pois as estruturas lógicas se formam pouco a pouco, no curso do desenvolvimento da criança, em conexão com a linguagem e, sobretudo, com as trocas sociais. O sistema nervoso e sua maturação tardia (mielogênese e sobretudo citodendrogênese) limitam-se, assim, a abrir certo campo de possibilidades, no interior do qual se atualizará determinado número de condutas (e, sem dúvida, muito poucas em relação ao número de possibilidades ainda abertas); mas esta atualização supõe certas condições de experiência física (manipulação dos objetos etc., o que é igualmente essencial para a lógica) e certas condições sociais (troca regulada das informações, controle mútuo etc.), e são estas diversas condições que determinarão o acabamento daquilo que a maturação torna apenas possível.

II. O PROBLEMA DA NECESSIDADE PRÓPRIA ÀS ESTRUTURAS LÓGICAS

Se a lógica não é inata na criança, falta agora resolver problema difícil de psicologia geral: como explicar que as estruturas lógicas se tornam necessárias num dado nível? Por exemplo, se A = B e se B = C, a criança pequena não está certa, de forma alguma, de que A = C (logo daremos alguns exemplos), enquanto depois dos 7 a 8 anos, e sobretudo 11 ou 12 anos, lhe é impossível não concluir que A = C.

A lógica na criança (como nós acreditamos) apresenta-se essencialmente sob a forma de estruturas operatórias, ou seja, o ato lógico consiste essencialmente em *operar*, e, portanto, em agir sobre as coisas ou sobre os outros. Uma operação é, com efeito, uma ação efetiva ou interiorizada, tornada *reversível* e coordenada a outras operações, numa estrutura de conjunto que comporta leis de totalidade. *Uma operação é reversível* quando significa que toda operação corresponde a uma operação inversa: por exemplo, a adição e a subtração lógica ou aritmética. Por outro lado, uma operação não está nunca isolada: ela está solidária a uma estrutura operatória, tal como os "grupos" em matemática (operação direta + 1; inversa − 1; idêntica 1 − 1 = 0 e associatividade [1+] − 1 = 1 + [1 − 1]), ou as redes (estudadas pelo grande matemático russo, Glivenko, sob o nome de "estruturas"), ou as estruturas mais elementares que os grupos e que as redes, às quais chamamos "agrupamentos".[5] Cada uma dessas estruturas comporta leis de totalidade, que definem o sistema operatório enquanto sistema, e uma forma particular de reversibilidade (inversão no grupo, reciprocidade na rede etc.).

Ora, o critério psicológico da constituição das estruturas operatórias e, por conseguinte, do acabamento da reversibilidade (esta constituindo processo que progride gradualmente no curso do desenvolvimento) é a elaboração de invariantes ou de noções de conservação. Por exemplo, no nível que chamaremos de representação pré-operatória, as crianças de 4 a 6 anos, depois de encherem sozinhas dois copos pequenos com quantidades iguais de contas (colocando, com uma das mãos, uma conta azul no copo da esquerda, enquanto colocam com a outra mão uma conta vermelha no copo da direita), pensam que as quantidades não são mais iguais se esvaziam um destes copos num pequeno bocal mais estreito e mais alto; a quantidade de contas não se conserva, portanto, no decorrer dos transvasamentos. Ao contrário, assim que se formam as primeiras estruturas operatórias concretas (pelos 7-8 anos), a criança admitirá que a quantidade se conserva necessariamente (de novo o sentimento de necessidade), porque as contas foram apenas deslocadas e pode-se recolocá-las como estavam antes (reversibilidade):[6] a constituição desta noção de conservação é, portanto, típica de certo nível operatório.

---
[5] PIAGET, J. **La psychologie de l'intelligence**. Paris, Collection A. Colin.
[6] PIAGET, J.; SZEMINSKA, A. **La génèse du nombre chez l'enfant**. Delachaux et Niestlé, 1940.

Partindo destes critérios (que nós não inventamos *a priori*, mas descobrimos empiricamente), pode-se então distinguir quatro grandes estágios no desenvolvimento da lógica da criança:

1 – Do nascimento a 1 ½ – 2 anos, pode-se falar de período senso-motor, anterior à linguagem, onde ainda não existem nem operações propriamente ditas, nem lógica, mas onde as ações já se organizam segundo certas estruturas que anunciam ou preparam a reversibilidade e a constituição das invariantes. Por exemplo, por volta dos 5-6 meses, o bebê não apresenta nenhuma conduta de busca de objeto que desaparece de seu campo visual (ele não levanta um lenço que se coloque sobre um brinquedo que ele ia pegar etc.), enquanto, por volta dos 12 ou 18 meses, o objeto se tornou permanente e dá lugar a condutas de busca sistemática (em função de suas posições sucessivas). Ora, a constituição desta primeira invariante, que é o objetivo permanente no espaço próximo, está ligada a uma organização dos próprios movimentos e dos deslocamentos do objeto, em conformidade com o que os geômetras chamam de "grupo dos deslocamentos". Aí existe, portanto, um início observável da reversibilidade prática.[7]

2 – De 2 a 7-8 anos, começa o pensamento com linguagem, o jogo simbólico, a imitação diferenciada, a imagem mental e as outras formas de função simbólica. Esta representação crescente consiste, em boa parte, numa interiorização progressiva das ações, executadas até este momento de maneira puramente material (ou sensomotora). Mas, as ações interiorizadas não atingem ainda o nível das operações reversíveis, pois, no plano da representação, inverter as ações é mais difícil do que parece: por exemplo, imaginar a ordem dos pontos de referência no caminho de volta, quando acabaram de ser enumerados em ordem exata no caminho da ida. Por falta de operações reversíveis e das estruturas de conjunto que lhes servem de fim, a criança deste nível não chega, portanto, a compreender a conservação dos conjuntos (quantidades descontínuas) nem a das quantidades contínuas, em caso de modificação das configurações especiais. Acabamos de dar exemplo para as quantidades descontínuas (as contas dentro dos recipientes de vidro). Outro exemplo

---

[7] PIAGET, J. **La construction du réel chez l'enfant**. Delachaux et Niestlé, nouv. éd. 1955, Cap. I e II.

para as quantidades contínuas: dão-se à criança duas bolinhas de massa de modelar, de dimensões iguais e de mesmo peso; depois, dá-se a uma delas a forma de bolacha ou de salsicha etc. e pergunta-se: *a)* se ela contém ainda a mesma quantidade de massa que a outra; *b)* se ela apresenta o mesmo peso; *c)* se seu volume permaneceu o mesmo (para o volume, a experiência se faz mergulhando a bolinha de controle num copo de água e perguntando se a salsicha ou a bolacha etc. "ocuparão o mesmo espaço" na água de um outro copo). Ora, a conservação da quantidade de matéria não é adquirida senão aos 7-8 anos em média, a do peso por volta dos 9-10 anos, e a do volume por volta dos 11-12 anos (nas crianças de Genebra).[8] Podem-se fazer experiências semelhantes sobre a conservação do comprimento, das distâncias (ambas por volta dos 7-8 anos), das superfícies etc.[9]

Nos domínios ainda não estruturados pelas noções de conservação, também não se observam estas outras ligações lógicas elementares, que derivam igualmente do uso das operações, e que são a transitividade, a comutatividade etc. No que concerne à transitividade, por exemplo, podem-se dar à criança duas barras de latão exatamente iguais e ela constata a igualdade de seus pesos, ou seja, $A = B$. Depois disto, ela deve comparar o peso de B ao de uma bola de chumbo C; a criança espera que C seja mais pesado, mas constata na balança a igualdade $A = B$ e $B = C$. Ora, no nível pré-operatório (que vai até os 8-9 anos, no caso do peso), a criança está convencida de que o chumbo C será mais pesado que A, apesar das igualdades constatadas anteriormente. Alguns sujeitos nos disseram mesmo: "Aconteceu uma vez de ser igual ($A = C$), mas desta vez o chumbo será mais pesado ($C > A$), porque é mais pesado."[10]

3 – Aos 7-8 anos, em média (mas, repetimos, estas idades médias dependem dos meios sociais e escolares), a criança chega, depois de interessantes fases de transição, cujos detalhes não poderíamos abordar aqui, à constituição de uma lógica e de estruturas operató-

---

[8] PIAGET, J.;. INHELDER, B. **Le développement des quantités chez l'enfant.** Delachaux et Niestlé, 1941.
[9] PIAGET, J.; INHELDER, B.; SZEMINSKA. **La représentation de l'espace chez l'enfant.** Paris: PUF, 1948.
[10] PIAGET, J.; INHELDER, B. **Le développement des quantités chez l'enfant.** Delachaux et Niestlé, 1941.

rias que chamaremos "concretas". Este caráter "concreto", por oposição ao formal, é particularmente instrutivo para a psicologia das operações lógicas em geral. Significa que neste nível, que é o dos primórdios de uma lógica propriamente dita, as operações ainda não repousaram sobre proposições de enunciados verbais, mas sobre os próprios objetos que elas se limitam a classificar, a seriar, a colocar em correspondência etc. Em outras palavras, a operação nascente ainda está ligada à ação sobre os objetos e à manipulação efetiva, ou simplesmente mentalizada. Contudo, por estarem próximas da ação, estas "operações concretas" já se organizam em estruturas reversíveis, apresentando suas leis de totalidade (por exemplo, as classificações). Com efeito, uma classe lógica não existe em estado isolado, mas, somente, enquanto ligada, por inclusões diversas, a este sistema geral de redes hierárquicas que é uma classificação, cuja operação direta é a adição de classes (A + A' = B), e a operação inversa é a subtração, repousando sobre a reversibilidade por inversão ou negação (B − A' = A ou A − A = O). Outra estrutura concreta essencial é a seriação, que consiste em ordenar os objetos segundo uma qualidade crescente ou decrescente (A < B < C < ...) e cuja reversibilidade consiste na reciprocidade, como em todas as demais estruturas de relação. É conveniente, por outro lado, distinguir as estruturas multiplicativas (correspondência, matrizes etc.) que se constituem no mesmo nível.[11]

Em suma, as primeiras estruturas concretas repousam todas sobre as operações de classe e de relações (mas sem esgotar a lógi-

---

[11] Quanto à construção do número, ela ocorre na mesma idade, em sua forma operatória. Até os 6-7 anos (nas crianças de Genebra), já existem números "figurados" para as pequenas coleções, mas sem as características de conservação, próprias à operação. Por exemplo, depois de ter colocado seis fichas vermelhas em correspondência, termo a termo, com seis fichas azuis (no começo ela se limita a construir uma fileira do mesmo comprimento, sem correspondência), bastará comprimir ou espaçar uma das coleções para que o sujeito de 5-6 anos não creia mais na equivalência. Por volta dos 7 anos, ao contrário, constitui-se a sequência dos números, graças às operações que consistem simultaneamente em adicionar, de maneira inclusive (classe), e em ordenar (seriação) com a operação inversa; a primeira fornece a conservação do todo, e a seriação fornece o meio de distinguir uma unidade da seguinte. O número inteiro pode ser, assim, concebido como síntese da classe e da relação assimétrica (ordem), de onde vem seu caráter, simultaneamente ordinal e cardinal. A maior parte dos resultados que nós publicamos sobre este assunto, com A. SZEMINSKA, em 1940 (PIAGET; SZEMINSKA. **La génèse du nombre chez l'enfant**. Delachaux et Niestlé, 1940), foram confirmados também pelo psicólogo infantil soviético M. KOUNSTIOUK, de Kiev.

ca das classes, nem a das relações) e as organizam segundo leis de fácil definição. Estas estruturas, cuja consequência psicológica mais direta é a constituição das noções de conservação, são as que nós chamamos de "agrupamentos elementares", por oposição aos grupos lógicos e às redes do nível superior. Sua função essencial consiste em organizar, um após outro, os diversos domínios da experiência, mas sem que haja ainda diferenciação completa entre o conteúdo e a forma, pois as mesmas operações se aplicam inicialmente à quantidade de matéria, um ou dois anos depois, ao peso, e ainda, um a dois anos depois, ao volume.

4 – Aos 11-12 anos (com um nível de equilíbrio por volta de 14-15 anos), aparecem novas operações pela generalização progressiva a partir das precedentes: são as operações da "lógica das proposições", que podem, daí em diante, versar sobre enunciados verbais (proposições), quer dizer, sobre simples hipóteses, e não mais exclusivamente sobre objetos. O raciocínio hipotético-dedutivo torna-se possível, e, com ele, a constituição de uma lógica "formal" quer dizer, aplicável a qualquer conteúdo.

Duas novas estruturas de conjuntos se constituem, agora, e marcam o acabamento das estruturações do nível precedente, incompletas até então. São elas:

A. A "rede" da lógica das proposições, reconhecível pelo aparecimento das operações combinatórias. É importante constatar, por volta dos 11-12 anos (esta idade é sempre relativa aos meios sociais estudados) a capacidade do pré-adolescente de achar pela primeira vez, e sem ensinamento escolar sobre este assunto (pelo menos em Genebra), métodos sistemáticos para agrupar os objetos, de acordo com todas as combinações *n* a *n* (*até n* = 3, 4 ou 5). Por exemplo, numa experiência de B. Inhelder, dão-se ao sujeito 4 bocais contendo líquidos incolores e inodoros. Dois deles têm adicionadas algumas gotas de um conta-gotas que lhes dão uma cor amarela; um terceiro é neutro, e o quatro contém um descolorante. A tarefa consiste, simplesmente, em reproduzir a cor amarela, e os sujeitos de 11-12 anos procedem segundo uma combinatória sistemática, desconhecida até então.[12] Ora, as operações proposicionais, que se constituem

---

[12]INHELDER, B.; PIAGET, J. **De la logique de l'enfant à la logique de l'adolescent**. Paris: PUF, 1955, Cap. VII.

no mesmo nível, repousam precisamente sobre uma combinatória. É portanto difícil admitir que seja por acaso que se constitua, na mesma idade e em todos os domínios, a capacidade de combinar os objetos ou as proposições, quando no nível das operações concretas não existiam senão sistemas simples de encadeamentos. Do ponto de vista matemático, pode-se exprimir o fato dizendo que aos conjuntos simples se superpõe "o conjunto de todos os subconjuntos", que é uma rede e que fundamenta simultaneamente as operações combinatórias e as da lógica das proposições.

B. Em estreita correlação com a estrutura das redes, constitui-se uma estrutura de "grupo" de quatro transformações (grupo de Klein), que tem igualmente grande importância nos raciocínios característicos deste último nível. Tomemos uma operação proposicional, tal que "ou p é verdadeiro, ou q, ou um e outro", o que simbolizamos por $p \lor q$. Chamemos de I a transformação idêntica, que deixa $p \lor q$ imutável. Mas podemos negar esta operação, o que dá (chamando N a inversão ou negação): $N(p \lor q) = p.q$ ("nem p nem q"). Podemos também estabelecer a recíproca R, de $p \lor q$, seja $p \lor q$ ("ou não p ou não q") e sua correlativa C, que é $p.q$ ("ao mesmo tempo p e q"). Ou, então, o grupo comutativo: $NR = C$; $NC = R$; $CR = N$ e $NRC = I$.

Ora, aqui, novamente, esta estrutura não intervém apenas nos raciocínios verbais do adolescente, mas também numa quantidade de raciocínios experimentais que são transformados por esta capacidade formal. Por exemplo, quando se tratar de raciocinar sobre um sistema em equilíbrio mecânico ou hidrostático, tem-se a ação $= I$, sua negação $= N$; e a reação $= R$ e sua negação $= C$. Ou, ainda, se se trata de dois sistemas de referência conjuntados, como, por exemplo, os do movimento de um caracol sobre uma prancheta que deslocamos, tem-se também para um dos sistemas I e N, e para o outro as transformações R e C com todas as combinações entre dois. Mas, é na aquisição do esquema operatório das proporções matemáticas que esta estrutura exerce seu papel mais geral, pois se tem para uma operação x a proporção lógica $\frac{Ix}{Rx} = \frac{Cx}{Nx}$

Ora, é igualmente nesta mesma idade, como se observa em quase toda parte, que a noção de proporção se torna acessível à criança.[13]

---

[13]Para estas estruturas, ver INHELDER, B.; PIAGET, J. **De la logique de l'enfant à la logique de l'adolescent**. Paris: PUF, 1955, 3ª parte.

Dito isto, podemos voltar ao nosso problema. Como explicar que, partindo de uma surpreendente insensibilidade às deduções mais simples, a criança chegue, por etapas progressivas, a experimentar estes estados de consciência específica, que caracterizam a necessidade lógica de, se p é verdadeiro (p. ex., $A = B$ e $B = C$), logo q é necessariamente verdadeiro ($A = C$)? Quatro fatores distintos podem ser invocados a este respeito: o inatismo das estruturas no sistema nervoso, a experiência física, a transmissão social e as leis probabilísticas de equilíbrio.

Já falamos suficientemente do fator de inatismo para que não precisemos retornar a este ponto. Lembremos simplesmente que, se as coordenações nervosas determinam o quadro das possibilidades e impossibilidades, no interior do qual se construirão as estruturas lógicas, estas coordenações não contêm antecipadamente, em estado preformado, estas estruturas enquanto lógicas, quer dizer, enquanto instrumentos do pensamento. Portanto, é necessária toda uma construção, para levar do sistema nervoso à lógica, e, assim, não pode ser considerada como inata.

Seria preciso, agora, considerar a necessidade lógica como extraída da experiência física, e as regras lógicas como constituindo as leis mais gerais dos próprios objetos ("a física do objeto qualquer" de que fala Gonseth)? Certamente, é apenas na ocasião das ações exercidas sobre os objetos, que se constituem as estruturas lógicas e, por isso, temos insistido no fato de que a fonte das operações lógicas é apenas a própria ação, a qual não pode, naturalmente, ter lugar senão quando exercida sobre objetos. Por outro lado, a existência de um nível de "operações concretas" mostra que, antes de se empregarem puros enunciados verbais ou "proposições", a lógica se organiza no meio das manifestações práticas, versando sobre os objetos. Fica evidente que as leis físicas dos objetos estão em conformidade com as regras de conservação (ou de identidade), de transitividade, de comutatividade etc., bem como as operações de adição (e seu inverso, a dissociação ou subtração) e de multiplicação (e seu inverso, a abstração lógica: se $A \times B = AB$, então $AB : A = B$), isto é, com as estruturas lógicas mais gerais.

Todavia, não se deve esquecer um fato fundamental: é que a ação modifica constantemente os objetos e estas transformações são igualmente objeto de conhecimento. Uma das proposições essenciais de K. Marx, em sociologia, é que o homem age sobre a natureza, com o objetivo de produzir, estando ao mesmo tempo condicionado pelas leis da natureza. Esta interação entre as propriedades do objeto e as da produção humana é encontrada na psicologia do conhecimento: não se conhecem os objetos senão agindo sobre eles e neles produzindo alguma transformação. Por exemplo, as operações lógicas que tratam de classificar ou seriar, consistem em "produzir" coleções ou uma certa ordem de sucessão por meio dos objetos, cujas propriedades se utilizam para este propósito.

Deste ponto de vista, compreende-se, então, como se constitui a necessidade lógica, pois ela ficaria inexplicável se consistisse apenas numa leitura das propriedades do objeto. Por exemplo, se a "operação idêntica" ± 0, que vem a ser uma adição (ou subtração) da classe nula 0, resulta necessariamente da composição entre a operação direta $+ A$ e a operação inversa $- A$, donde $+ A - A = \pm 0$, isto significa que acrescentar um conjunto depois de retirá-lo equivale a nada acrescentar nem tirar. O sentimento de necessidade que acompanha esta evidência não é apenas a simples constatação das propriedades dos objetos da coleção A (o que daria lugar a uma constatação pura e não a uma consciência de necessidade), mas resulta da coordenação das ações de acrescentar e de retirar, na produção de uma tal classificação.

Mas, se a ação intervém assim na estruturação das operações lógicas, é claro que se necessita reservar uma parte para o fator social, na constituição destas estruturas, pois o indivíduo nunca age só, mas é socializado em graus diversos. É claro, por exemplo, que a necessidade inerente ao princípio de contradição apresenta todos os caracteres, além daqueles da coordenação das ações, de uma verdadeira obrigação coletiva, pois é sobretudo frente aos outros que somos obrigados a não nos contradizermos. Assim, se dizemos um dia o contrário do que dissemos na véspera, ser-nos-ia fácil esquecer esta contradição, se nossos parceiros sociais não nos obrigassem a escolher e permanecer fiéis às afirmações escolhidas. Mas, é necessário introduzir distinções nos diferentes tipos possíveis de contato social, pois nem todos conduzem igualmente à lógica. As regras lógicas não são impostas pelo grupo social como as regras de gramática, tais como o acordo do verbo e de seu sujeito etc., quer dizer, pela simples autoridade do uso e do consentimento comum. A forma de interação coletiva que intervém na constituição das estruturas lógicas é essencialmente a coordenação das ações interindividuais no trabalho em comum e na troca verbal. Com efeito, se analisarmos esta coordenação coletiva das ações, percebemos que tal coordenação consiste ainda em operações, mas interindividuais e não intraindividuais; o que um faz, por exemplo, é completado pelo que faz um outro (adição), ou corresponde ao que fazem os outros (correspondência multiplicativa), ou ainda, o que um faz difere do que fazem os outros, mas certas pistas permitem relacionar estes pontos de vista diferentes (reciprocidade) etc. Por outro lado, as lutas e oposições fazem intervir as negações e operações inversas etc. Em suma, as coordenações intraindividuais das ações e, por outro lado, a vida social que as unifica não estão em oposição: há identidade básica entre as operações interindividuais e as operações intraindividuais, de tal forma que estas não podem ser isoladas, a não ser por abstração, do meio de uma totalidade onde os fatores biológicos e os fatores sociais da ação estão em contínua interação.[14]

Mas, um quarto fator, frequentemente esquecido, deve ser invocado, pois o futuro das pesquisas mostrará, por certo, e cada vez mais, sua importância: é o fator de equilíbrio, ligado às considerações probabilísticas. Fica claro, de início, que cada um dos três fatores precedentes está subordinado, por sua vez, às leis de equilíbrio e que sua própria interação inclui um aspecto de equilibração. Assim é que a coordenação das ações de um sujeito individual se manifesta sempre por desequilíbrios momentâneos (correspondendo às necessidades ou aos problemas) e por reequilibrações (correspondendo às satisfações e às soluções). Da mesma forma, fica evidente que a coordenação social das ações comporta desequilíbrios e formas de equilíbrio, e que as interferências entre os fatores individuais (neurológicos etc.) e os fatores sociais da ação resultam de uma contínua equilibração. Mas a noção de equilíbrio apresenta um sentido bem mais preciso na psicologia das operações lógicas do que nos outros domínios. Vimos que uma operação é essencialmente uma ação reversível, pois numa operação dada (como + A ou + 1) pode-se sempre fazer corresponder seu inverso (− A ou − 1). É esta reversibilidade que faz a criança compreender a conservação

---

[14]Ver PIAGET. **La psychologie de l'intelligence**. Paris: A. Colin, Cap. VI.

de uma quantidade ou de um conjunto em caso de modificação de sua disposição espacial, pois quando esta modificação é concebida como reversível, significa que ela deixa invariável a quantidade em questão. Esta reversibilidade se desenvolve progressivamente, no curso da evolução mental da criança. Enquanto o nível senso-motor conhece apenas uma reversibilidade prática no espaço próximo (o "grupo dos deslocamentos" que se constitui durante o segundo ano do desenvolvimento), e, enquanto as representações pré-operatórias apresentam, no plano do pensamento, apenas uma semirreversibilidade ligada a regulações ou compensações aproximadas (correção de um erro depois de um exagero etc.), as operações concretas comportam duas formas paralelas de reversibilidade (a inversão ou negação, para as operações de classe, e a reciprocidade, para as operações de relações). Enfim, no nível das operações formais, o grupo *INRC* resume estas duas formas de reversibilidade num sistema único, por composição das inversões e das reciprocidades. Ora, esta reversibilidade crescente constitui seguramente uma marcha para o equilíbrio, pois fisicamente o equilíbrio se define precisamente pela reversibilidade: um sistema está em equilíbrio quando todas as transformações virtuais (equivalendo aqui às operações possíveis) se compensam, quer dizer, que a cada transformação possível corresponde uma outra, orientada em sentido inverso da primeira e de valor igual. Dizer que as operações se organizam em estruturas reversíveis ou dizer que elas tendem para certas formas de equilíbrio significa, portanto, a mesma coisa.

Ora, esta marcha para o equilíbrio apresenta grande importância teórica, pois se pode esperar que forneça, qualquer dia, um cálculo fundado em considerações probabilísticas. Se pensamos, por exemplo, no segundo princípio da termodinâmica, facilmente explicável pelo cálculo das probabilidades, compreendemos por que a intervenção do equilíbrio representa um quarto fator, suscetível de acrescentar sua influência à dos precedentes na explicação da formação das estruturas e da necessidade lógica.

III. O DESENVOLVIMENTO DAS PERCEPÇÕES

Estas considerações probabilísticas se aplicam com mais facilidade ao estudo do desenvolvimento das percepções, onde já chegamos a alguns esquemas e instrumentos de cálculos bastante preciosos para explicar certo número de fenômenos e mesmo, ocasionalmente, para prever um ou dois novos.

O estudo genético das percepções e, em particular, das "ilusões" perceptivas é muito instrutivo, pois permite dividir os fenômenos perceptivos, que são tão complexos e ainda mal conhecidos (apesar dos esforços da psicologia científica) já há mais de um século, em categorias de significação bem distintas, fundando-se sobre seu desenvolvimento com a idade.

Observam-se, com efeito, pelo menos três tipos de evolução das ilusões perceptivas com a idade: aquelas que permanecem relativamente constantes ou diminuem de importância com o desenvolvimento (p. ex., as ilusões dos ângulos de Müller-Lyer, de Delboeuf etc.), aquelas que aumentam de importância com a idade (p. ex., a superavaliação das verticais comparadas às horizontais), e aquelas que crescem até certo nível (9-11 anos em geral) para diminuírem um pouco, depois (p. ex., a ilusão de peso, a comparação das oblíquas etc.). Ora, enquanto as duas últimas categorias, que aliás estão bastante próximas uma da outra, constituem a contraposição das atividades perceptivas ou senso-motoras diversas, onde intervêm os movimentos do olhar, o relacionamento com as referências à distância etc., as ilusões da primeira categoria têm base, ao contrário, em efeitos mais "primários", quer dizer, numa interação quase simultânea de todos os elementos percebidos num mesmo campo. Começaremos então por elas.

Em lugar de nos contentarmos neste assunto com a interpretação "gestáltica", que é uma boa descrição, mas de forma alguma uma explicação, procuramos, por um lado, reduzir o conjunto das ilusões primárias (ao menos no campo das ilusões geométricas planas) a uma mesma lei quantitativa e, por outro lado, explicar esta lei por considerações probabilísticas.

A lei em questão não busca, naturalmente, determinar o valor absoluto das ilusões, pois este valor diminui, em média, com a idade e varia largamente de um indivíduo a outro. O que ela busca, diante das várias ilusões que se podem produzir variando as dimensões ou as proporções de uma figura, é determinar qual será o aspecto da curva dos erros em função destas transformações e, principalmente, em relação a que proporções da figura se obterá a ilusão positiva *maximum*, a ilusão negativa *maximum* e a ilusão nula mediana, quer dizer, o ponto de passagem entre as ilusões positivas e as negativas.

Seja, por exemplo,[15] um retângulo cujo lado A de 5cm deixamos constante e fazemos variar o outro lado A'. As medidas experimentais mostram não apenas que quando $A > A'$, o lado A é superavaliado e o lado A' subavaliado (em todas as idades), mas, ainda, que o *maximum* desta ilusão positiva tem lugar quando A' é o menor possível, ou seja, quando o retângulo se reduz a uma linha reta. Por outro lado, quando $A' = A$ (quadrado) ocorre a ilusão nula mediante e quando $A' > A$, é o A' que é superavaliado; mas não o é indefinidamente, e se aumentamos ainda A', a curva destas ilusões negativas não é mais uma reta, mas uma hipérbole equilátera, tendendo para uma assíntota.

A curva experimental obtida desta forma apresenta o mesmo aspecto em todas as idades, mas como o erro diminui com a idade, esta curva se achata, sem perder todavia suas características qualitativas. Ocorre o mesmo (mas com curvas de formas bem diferentes) com muitas outras ilusões que nós estudamos entre 5-6 anos e na idade adulta:[16] por exemplo, as ilusões de Delboeuf (círculos concêntricos), dos ângulos, da mediana dos ângulos, de Oppel-Kundt (espaços divididos), das curvaturas, de Müller-Lyer etc.

Ora, coisa interessante, podemos reunir todas as curvas obtidas assim numa lei única, que se especifica diversamente, segundo as figuras e permite em cada um dos casos construir uma curva teórica, cuja correspondência com as curvas experimentais se revelou, até agora, bastante satisfatória. Exporemos esta lei em outras palavras, apenas pra fixar as ideias, mas nosso objetivo aqui é antes de tudo o de mostrar como ela se explica por considerações probabilísticas.

Seja L_1 = ao maior de dois comprimentos comparados numa figura (p. ex., o lado grande do retângulo) e L_2 = a menor dos dois comprimentos (p. ex., o lado pequeno do retângulo): seja Lmax o maior comprimento da figura (no caso do retângulo Lmax = L_1 mas

---

[15]PIAGET, J.; DENIS-PRINZHORN, M. L'estimation perceptive des côtes du rectangle. **Archives de Psychologie**. Génève, t. XXXIV, p. 109-131, 1953.

[16]Ver Recherches sur le dévélopment des perceptions. **Archives des Psychologie**. Génève, n. XXV, de 1942 a 1955.

se L_1 e L_2 são duas retas que se prolongam em $Lmax = L_1 + L_2$ etc.); seja L = ao comprimento escolhido como unidade e sobre o qual se faz a medida (no caso do retângulo $L = L_1$ ou L_2 conforme a figura); seja *n* o número das comparações ($L_1 - L_2$) que intervêm na figura e seja S = a superfície.

Agora, se chamamos a ilusão de P, temos a lei:

$$P = \pm \frac{(L_1 - L_2) L_2 \times (nL : Lmax)}{S} = \frac{nL (L_1 - L_2) L_2}{S.Lmax}$$

Por exemplo, no caso dos retângulos, se A > A' (ou então L = A e n = $\frac{A}{A}$ = 1), sendo A constante e A' variável,

$$P = + \frac{(A - A') A' \times (A : A)}{AA'} = \frac{A - A'}{A}$$

e se A' > A (ou então L = A e $n = \frac{A'}{A}$) sendo A ainda constante a A' variável:

$$P = - \frac{(A' - A) A \times (A' : A')}{AA'} = \frac{A' - A}{A'}$$

Vê-se como é simples esta lei, que se reduz a uma diferença multiplicada pelo pequeno termo ($L_1 - L_2$) L_2, a uma relação (nL: Lmax) e a um produto (S).

Ora, esta fórmula, que chamamos de "lei das centralizações relativas", se explica, da maneira mais direta, por considerações probabilísticas, que explicam, ao mesmo tempo, a lei de Weber e o fato de que os efeitos provenientes destes mecanismos diminuem com a idade.

Coloquemos, inicialmente, como hipótese, que todo elemento centralizado pelo olhar é superavaliado por este fato mesmo. Este "efeito de centralização" pode ser observado na visão taquistoscópica: se o sujeito fixa um segmento de reta, comparando-a a um outro segmento que permanece na periferia, o segmento centralizado é, então, superavaliado (o fenômeno, aliás, é muito complexo, pois, além destes fatores topográficos, intervêm a atenção, a nitidez, a ordem e os tempos de apresentação etc., sem contar os fatores técnicos de distância entre o sujeito e a imagem apresentada, de ângulos etc.).

Ora, quer esta superavaliação por centralização derive, fisiologicamente, da irradiação das células nervosas excitadas, como é provável, quer entrem aí outros fatores (como os pequenos movimentos oscilatórios do globo ocular, que exercem sem dúvida um papel na exploração visual da figura etc.), é fácil relacionar a ela um esquema probabilístico cuja significação é ao mesmo tempo fisiológica e psicológica.

Partamos de uma simples linha reta de 4-5cm apresentada à percepção, e dividamo-la, em pensamento, num certo número de segmentos iguais, por exemplo $N = 1000$. Admitamos, por outro lado, seja na retina, seja nos órgãos de transmissão, seja no córtex visual, um certo número de elementos, cujo *contato* com ao menos uma parte destes 1000 segmentos é necessário para a percepção da linha. Suponhamos, por exemplo, que um primeiro grupo destes elementos nervosos (durante um primeiro tempo t) "entre em contato" com BN segmentos, onde B é uma fração constante. Faltaram agora N_1 segmentos que ainda não entraram em contato, seja:

$$N_1 = (N - NB) = N(1 - B)$$

Após os segundos n contatos, restarão a N_2 segmentos, que ainda não entraram em contato:

$$N_2 = (N_1 - N_1B) = N(1 - B)_2$$

Após os terceiros n contatos, restarão N_3 segmentos, que ainda não entraram em contato, seja:

$$N_3 = (N_2 - N_2B) = N(1 - B)_3 ... \text{etc.}$$

A soma dos segmentos que entraram em contato será de *NB*, depois de *(NB + N_1B)*, depois de *(NB + N_1B + N_2B)* etc. Estas somas fornecem, assim, o modelo do que poderia ser a superavaliação progressiva (momentânea ou mais ou menos durável), devido à centralização sobre uma linha, percebida durante os tempos correspondentes a n, $2n$, $3n$ etc. ou com intensidade ou nitidez crescentes etc. Ora, vê-se que este modelo obedece desde o princípio a uma lei logarítmica, pois à progressão aritmética n, $2n$, $3n$ etc. corresponde à progressão geométrica $(1-B)$, $(1-B)^2$, $(1-B)^3$ etc.

Procuraremos, agora, imaginar, da mesma forma, o que se produzirá na comparação visual entre duas linhas retas, que nós chamaremos de L_1 e L_2, deixando L_2 invariável e dando sucessivamente a L_1 os valores $L_1 = L_2$ depois, $L_1 = 2L_2$, depois, $L_1 = 3L_2$ etc. Dividamos de novo estas duas linhas em segmentos iguais, podendo cada uma tornar-se o objeto de um "ponto de contato", no sentido indicado anteriormente. Mas o que aumenta a comparação entre L_1 e L_2 é que cada contato sobre L_1 pode corresponder ou não a um contato sobre L_2 e inversamente. Nós chamaremos estas correspondências entre pontos de contato de "acasalamento" e admitiremos que a comparação não dá lugar a nenhuma superavaliação ou subavaliação, se a junção é completa, enquanto uma junção incompleta acarreta a superavaliação relativa da linha que não foi completamente acasalada (porque então há encontros sem junção, quer dizer, superavaliação por centralização, não compensada por uma superavaliação da outra linha). O problema então é calcular a probabilidade do "acasalamento" completo e, ainda aqui, a solução é muito simples.

Chamemos p a probabilidade de que um ponto A sobre uma das linhas seja acasalada a um ponto B na outra linha. Se introduzimos um segundo ponto de contato C nesta outra linha, a probabilidade de acasalamento entre A e C será também de P, mas a probabilidade de que A seja acasalado simultaneamente a B e a C, será de p_2. A probabilidade de acasalamento entre A, numa linha, e B, C e D, na outra, será então de p_3 etc.

Se $L_1 = L_2$ com n pontos sobre L_1 e $m(= n)$ sobre L_2, a probabilidade de acasalamento completo será, por conseguinte, (pn) m $L_1 = L_2$.

Se $L_1 = 2L_2$, a probabilidade de acasalamento completo será, por conseguinte, de:

$$[(p^n)p^n]^m = (p^{2n})^m = p^{m \cdot 2n} \text{ para } L_1 = 2L_2.$$

Teremos da mesma forma:

$$\{[(p^n)p^n]p^n\}^m = p^{m \cdot 3n} \text{ para } L_1 = 3L_2... \text{ etc.}$$

Ou seja, à progressão aritmética dos comprimentos de L_1 (seja = L_2; $2L_2$; $3L_2$ etc.) corresponde a progressão geométrica das probabilidades de acasalamentos completos, o que constitui de novo uma lei logarítmica.

Ora, percebemos de saída que esta lei logarítmica, que explica a superavaliação relativa da maior de duas linhas comparadas, comporta diretamente, a título de caso particular, a famosa lei de Weber, que se aplica à percepção dos limiares diferenciais e mesmo, de forma atenuada, à percepção de quaisquer diferenças. Admitamos, por exemplo, que as linhas L_1 e L_2 apresentem, entre elas, uma diferença x constante e que alonguemos progressivamente, em seguida, estas linhas L_1 e L_2, deixando invariável sua diferença absoluta x. É fácil, então, compreender, em função do esquema precedente, por que esta diferença x não permanecerá idêntica a ela mesma, mas será percebida segundo uma deformação proporcional ao alongamento das linhas L_1 e L_2. É inútil fornecer, aqui, este cálculo, que nós publicamos em outra parte,[17] mas vê-se facilmente como se explica pelas considerações precedentes sobre a probabilidade de acasalamento, o fato de que a lei de Weber apresente uma forma logarítmica.

Voltemos agora à nossa lei das centralizações relativas e vejamos como ela se explica por meio dos mecanismos de superavaliação por centralização, que nos parecem explicar todas as ilusões "primárias".

Para compreender o fato, convém começar por classificar as quatro variedades de acasalamento possíveis: se comparamos duas linhas desiguais $L_1 > L_2$, podemos distinguir as variedades seguintes:

1. Os "acasalamentos de diferença" D, entre a linha L_2 e a parte da linha L_1 que ultrapassa L_2, isto é, a parte ($L_1 - L_2$). Os acasalamentos de diferença serão assim em número de $(L_1 - L_2) L_2$ e vemos logo neste produto a expressão essencial que intervém na lei das centralizações relativas.

---

[17]PIAGET, J. Essai d'une nouvelle interprétation probabiliste des effets de centration, de la loi de Weber et de celle des centrations relatives. **Archives de Psychologie**. Génève, t. XXXV, p. 1-24, 1955.

2. Existem, por outro lado, "acasalamentos de semelhança" R, entre a linha L_2 e a parte da linha L_1 que é igual a L_2. Estes acasalamentos serão então em número de L_2^2.

3. Podem-se distinguir ainda os acasalamentos D', entre a parte de L_1 igual a L_2 e o prolongamento virtual de L_2 até a igualdade com L_1, ou seja, $(L_1 - L_2)$. Estes acasalamentos D' terão, de novo, o valor $(L_1 - L_2)L_2$.

4. Enfim, pode-se conceber acasalamentos D'' entre a parte $(L_1 - L_2)$ da linha L_1, e o prolongamento virtual de L_2 de que falamos. O valor de D' será então $(L_1 - L_2)^2$.

Dito isto, para compreender a razão da lei das centralizações relativas, coloquemo-la na forma seguinte:

$$P = \pm \frac{(L_1 - L_2) L_2}{S} \times \frac{nL}{Lmax} .$$

Vê-se agora que o numerador da primeira fração, ou seja $(L_1 - L_2)L_2$, corresponde aos acasalamentos de diferença, que acabamos de escrever.

Quanto à superfície S, ela corresponde, em todos os casos, ao conjunto dos acasalamentos possíveis, compatíveis com as ligações da figura. Numa figura fechada, como o retângulo, estes acasalamentos possíveis são apenas os acasalamentos de diferença D e de semelhança R. Com efeito, a superfície do retângulo, que é $L_1 \times L_2$, pode ser anotada assim: $L_1L_2 = L_2^2 + (L_1 - L_2)$: ou $L_2^2 =$ acasalamentos R, e $(L_1 - L_2)L_2 =$ acasalamentos D. Nas figuras abertas, como a linha $L_1 + L_2$, a superfície $(L_1 + L_2)^2$ corresponde a todos os acasalamentos D + R + D' + D'' não apenas entre L_1 e L_2, mas também entre L_1 e Lmax. Quer dizer, a primeira fração da lei, ou seja, $[(L_1 - L_2) L_2]/S$ exprime simplesmente uma relação probabilística: a relação entre os acasalamentos de diferença D (sobre os quais são feitos os erros de superavaliação) e o conjunto dos acasalamentos possíveis.

Quanto à segunda fração nL/Lmax, ela exprime a relação do número de pontos de contato ou de acasalamentos possíveis sobre a linha medida por L, em relação ao número de pontos do comprimento total Lmax: esta relação desempenha apenas papel de corretor em relação à primeira fração (nas figuras fechadas esta segunda fração tem valor geral).[18]

Compreende-se, assim, a significação da lei das centralizações relativas, que é de uma simplicidade elementar: exprime simplesmente a proporção dos "acasalamentos" possíveis de diferença D, em relação ao conjunto da figura. Ora, como são estes acasalamentos que dão lugar aos erros, segue-se que esta lei é válida para todas as figuras planas (dando lugar às ilusões "primárias") e indica apenas o aspecto geral da curva dos erros (máxima e ilusão nula mediana), independente do valor absoluto destes. Quanto a este valor absoluto, depende do caráter mais ou menos completo dos acasalamentos, e agora se compreende bem por que estes erros "primários" diminuem com a idade: é simplesmente porque, com os progressos da atividade exploratória visual, os acasalamentos se multiplicam sempre mais.

Mas existe, como nós vimos, uma segunda categoria de ilusões perceptivas: são aquelas que aumentam com a idade, sem interrupção ou com um teto por volta dos 9-11 anos e uma ligeira diminuição posterior. Estes erros não dependem mais da lei das centralizações relativas (embora os efeitos de centralização ainda interfiram) e se explicam da maneira seguinte: com a idade, as atividades perceptivas de exploração e comparação a distâncias crescentes no espaço (transporte espacial por meio dos deslocamentos do olhar) e no tempo (transporte temporal das percepções anteriores sobre as seguintes e, por vezes, antecipações ou *Einstellungen*) intervêm cada vez mais. Ora, estas atividades contribuem, em geral, para diminuir os erros perceptivos, graças aos acasalamentos que elas multiplicam. Mas, em outros casos, elas podem provocar contrastes ou assimilações entre elementos distantes que, nas crianças, não são relacionados e, portanto, não produzem erros. É nestes casos que nós falamos de erros "secundários", porque constituem o produto indireto de atividades que, normalmente, conduzem a uma diminuição dos erros.

---

[18]PIAGET, J.; LAMBERCIER, M. Essai sur un effet "d'Einstellung" survenant au cours de perceptions visuelles sucessives (*Effet Usnadze*). **Archives de Psychologie**. Génève, t. XXX, p. 139-196, 1944.

Bom exemplo é o das ilusões de peso, e seu equivalente visual imaginado pelo psicólogo russo Usnadze, sobre o qual fizemos um estudo genético como Lambercier. Apresentamos aos sujeitos, em visão taquistoscópica, um círculo de 20mm de diâmetro, ao lado de um outro de 28mm. Uma vez conseguida a impregnação, apresentamos nos mesmos lugares dois círculos de 24mm: aquele que substitui o círculo de 20mm é então superavaliado por contraste, e aquele que substitui o círculo de 28mm é igualmente subavaliado, por contraste. Ora, a ilusão aumenta com a idade, se bem que, em si mesmos, os efeitos de contraste, que dependem naturalmente do mecanismo das centralizações relativas, diminuam com a idade. A razão deste paradoxo é simples: para que haja contraste, é necessário que os elementos anteriores percebidos (28 + 20mm) sejam relacionados aos elementos (24 + 24mm) e esta ligação é devida a uma atividade que podemos chamar de "transporte temporal" e que aumenta com o desenvolvimento (como constatamos em muitas outras experiências). Se as crianças (de 5-8 anos) fazem menos transportes temporais, o resultado será um contraste menor, por falta de relacionamento e, mesmo se o contraste, quando a aproximação tem lugar, é mais forte na criança que no adulto, a ilusão será mais fraca, mas, não será arbitrário admitir que o transporte temporal seja uma "atividade" que aumenta com o desenvolvimento? Não; e a melhor prova disso é que, no adulto, a ilusão não é apenas mais forte, mas também desaparece mais rápido quando se reproduz muitas vezes a apresentação (24 + 24). Na criança, ao contrário, a ilusão é mais fraca, mas dura mais tempo (não há extinção rápida por causa da perseveração). O transporte temporal é, portanto, uma atividade suscetível de controle, o que é o melhor critério de uma atividade.

Exemplo impressionante de ilusão que aumenta com a idade é a superavaliação das verticais em relação às horizontais. Estudando com A. Morf a figura em L, segundo suas quatro posições L ⌐L e, | encontramos: 1º que o erro na vertical aumenta com a idade; 2º que aumenta com o exercício (5 repetições) em lugar de diminuir imediatamente neste caso, como as ilusões primárias; 3º que depende da ordem de apresentação das figuras, como se houvesse transferência do modo de transporte espacial (de baixo para cima ou de cima para baixo).

Também meu aluno Wursten, estudando a meu pedido a comparação de uma vertical de 5cm e de uma oblíqua de 5cm (separada por um intervalo de 5cm e inclinada em vários graus),[19] encontrou que as crianças de 5-7 anos conseguiam avaliações muito melhores que os próprios adultos: o erro aumenta com a idade de 9-11 anos, para diminuir um pouco, em seguida.

Ora, o aumento, com a idade, destes erros nas verticais ou oblíquas etc. parece explicar-se da maneira seguinte. O espaço perceptivo das crianças é menos estruturado que o dos adultos – segundo as coordenadas horizontais e verticais – porque esta estruturação supõe o relacionamento dos objetos percebidos com os elementos de referência, situados a distâncias que excedem as fronteiras das figuras. Com o desenvolvimento, ao contrário, há um relacionamento com um quadro sempre mais amplo e afastado, em função das atividades perceptivas de relacionamento etc., o que leva a uma oposição qualitativa, cada vez maior, entre as horizontais e as verticais. Em si mesmo, o erro na vertical é, sem dúvida, devido a uma distribuição dos pontos de centralização e de "contatos" na vertical, cujas partes superior e inferior só são simétricas, do ponto de vista perceptivo (o alto é "aberto", enquanto o baixo é "fechado" na direção do solo), na horizontal, cujas duas metades são perceptivamente simétricas. Mas, na medida em que as crianças menores têm um espaço menos estruturado segundo as coordenadas, por falta de atividade perceptiva que faça o relacionamento a distância, elas são menos sensíveis a esta diferença qualitativa da horizontal e da vertical e à assimetria perceptiva desta última, assimetria que é função do quadro geral da figura.

No total existe, portanto, além dos efeitos "primários" provenientes da lei das centralizações relativas, um conjunto de atividades perceptivas de transporte, comparações a distância, transposições, antecipações etc. E as atividades que chegam em geral a atenuar os erros primários podem provocar erros secundários quando elas relacionam à distância elementos em contraste etc., isto é, provocam ilusões que não produziriam sem este relacionamento.

---

[19]WURSTEIN, H. L'evolution des comparaisons de longueuers de l'enfant à l'adulte. **Archives de Psychologie**. Génève, t. XXXII, p. 1-144, 1947.

Mas, deve-se compreender bem que estas atividades intervêm, de certo modo, desde os efeitos primários, pois os "contatos" e os "acasalamentos" de que falamos, a propósito dos mesmos, são devidos a centralizações e a descentralizações, que já constituem uma atividade. Em todos os níveis, pode-se dizer que a percepção é ativa e não se reduz a um registro passivo. Como dizia K. Marx nas suas objeções a Feuerbach, é necessário considerar a sensibilidade "enquanto atividade prática dos sentidos do homem".

6

GÊNESE E ESTRUTURA NA PSICOLOGIA DA INTELIGÊNCIA

Comecemos por definir os termos que vamos utilizar. Definiria a estrutura, da maneira mais ampla, como um sistema apresentando leis ou propriedades de totalidade enquanto sistema. Estas leis de totalidade, em consequência, são diferentes das leis ou das propriedades dos próprios elementos do sistema. Mas insisto no fato de que tais sistemas que constituem as estruturas são sistemas parciais em relação ao organismo ou ao espírito. A noção de estrutura, na verdade, não se confunde com qualquer totalidade e não significa, simplesmente, que exista uma interligação total, como dizia Bichat na sua teoria do organismo. Trata-se, portanto, de um sistema parcial, mas que, enquanto sistema, apresenta leis de totalidade distintas das propriedades dos elementos. Mas este termo continua vago, se não precisarmos quais são essas leis de totalidade. Em certos campos privilegiados, é relativamente fácil fazê-lo, por exemplo, nas estruturas matemáticas, as estruturas dos Bourbaki. Todos sabem que as estruturas matemáticas dos Bourbaki se relacionam às estruturas algébricas, às estruturas de ordem e às estruturas topológicas. As estruturas algébricas, por exemplo, são as estruturas de grupo, de corpo ou de anéis, enquanto noções que são bem determinadas pelas leis de totalidade. As estruturas de ordem são as redes, as semirredes etc. Mas, mantendo a definição ampla que adotei para a noção de estrutura, podem-se enquadrar, aí também, as estruturas cujas propriedades e leis ficam pouco globais e que, em consequência, são redutíveis apenas, em esperança, a estruturações matemáticas ou físicas. Refiro-me à noção de *Gestalt*, de que necessitamos em psicologia e que definirei como um sistema de composição não aditiva e irreversível, em oposição às estruturas lógico-matemáticas que acabo de mencionar e que, ao contrário, são rigorosamente reversíveis. Mas a noção de *Gestalt*, embora vaga, repousa, do mesmo modo, na esperança de possível redução a termos físicos ou matemáticos.

Por outro lado, para definir a gênese, gostaria de evitar que me acusassem de cair num círculo vicioso. Portanto, não direi, simplesmente, que ela é a passagem de uma estrutura para outra, mas antes que a gênese é certa forma de transformação partindo de um estado A e alcançando um estado B, sendo este mais estável que o primeiro. Quando se fala de gênese no campo psicológico – e, sem dúvida, nos outros campos também – é preciso em primeiro lugar afastar toda definição a partir de começos absolutos. Não conhecemos em psicologia começo absoluto, e a gênese se processa a partir de um estado inicial que comporta, ele próprio, eventualmente, uma estrutura. Ela é, em consequência, um simples desenvolvimento; não se trata, no entanto, de um desenvolvimento qualquer, de uma simples transformação. Diremos, assim, que a gênese é um sistema relativamente determinado de transformações, comportando uma história e se conduzindo, de maneira contínua, de um estado A a um estado B, sendo este mais estável que o estado inicial e constituindo seu prolongamento. Exemplo: a ontogênese, na biologia, que vai atingir este estado, relativamente estável, que é o estado adulto.

I. HISTÓRICO

Estando definidos nossos dois termos, direi agora sobre o histórico algumas palavras, bem rápidas, pois este estudo deve, essencialmente, introduzir uma discussão, que nem de longe pode esgotar o conjunto dos problemas que a psicologia da inteligência suscita. Estas palavras são necessárias, pois é preciso ressaltar que, contrariamente ao que Lucien Goldmann mostrou em profundidade no campo sociológico, a psicologia não faz parte de sistemas iniciais, como os de Hegel e de Marx; não faz parte de sistemas que dão à primeira vista uma relação entre o aspecto estrutural e o aspecto genético dos fenômenos. Em psicologia e em biologia, onde o uso da dialética se fez muito tardio, as primeiras teorias genéticas, portanto, as primeiras teorias que focalizaram o desenvolvimento, podem ser qualificadas de *geneticismo sem estruturas*. É, por exemplo, na biologia, o caso do lamarckismo: para Lamarck, o organismo é indefinidamente plástico e se modifica, sem cessar, sob as influências do meio. Não existem, portanto, estruturas internas invariantes, nem mesmo estruturas internas capazes de resistir ou de entrar em interação efetiva com as influências do meio.

A psicologia apresenta, no início, se não uma influência lamarckiana, pelo menos um estado de espírito análogo ao do evolucionismo em sua primeira forma. Refiro-me, por exemplo, ao associacionismo de Spencer, de Taine, de Ribot etc. A concepção é sempre a mesma, só que aplicada à vida mental, isto é, a de um organismo plástico, modificado continuamente pela aprendizagem, pelas influências exteriores, pelo exercício ou pela "experiência", no sentido empirista do termo. Aliás, ainda hoje se encontra esta inspiração nas teorias americanas de aprendizagem. Nestas, o organismo é, continuamente, modificado pelas influências do meio, excluindo apenas certas estruturas inatas, muito limitadas, que se reduzem às necessidades instintivas; todo o resto é pura plasticidade, sem verdadeiro estruturalismo. Depois desta primeira fase, assistiu-se a uma reviravolta, desta feita no sentido de um *estruturalismo sem gênese*. Na biologia, o movimento começou a partir de Weissmann e continuou com seus sucessores. Em sentido limitado, Weissmann retorna a uma espécie de preformismo: a evolução é apenas uma aparência ou o resultado de uma mistura de genes, sendo tudo determinado do interior por certas estruturas são modificáveis sob a influência do meio. Na filosofia, a fenomenologia de Husserl, apresentada como um antipisicologismo, conduz a uma intuição das estruturas ou das essências, independentemente de toda gênese. Se lembro Husserl aqui, é porque ele exerceu influência na história da psicologia, inspirando, em parte, a teoria da *Gestalt*. Esta teoria é o protótipo de um estruturalismo sem gênese, sendo as estruturas permanentes e independentes do desenvolvimento. Bem sei que *Gestalt-Theorie* forneceu concepções e interpretações do próprio desenvolvimento, por exemplo, no interessante livro de Koffka sobre o crescimento mental. Para ele, o desenvolvimento é determinado inteiramente pela maturação, isto é, por uma preformação que, ela própria, obedece às leis da *Gestalt* etc. A gênese fica secundária, enquanto a perspectiva fundamental é preformista.

Após haver lembrado estas duas tendências – gêneses sem estruturas, estruturas sem gênese – vocês esperam que lhes apresente a síntese necessária: *gênese e estruturas*. No entanto, não foi por amor à simetria, como em dissertação de filosofia segundo as boas tradições, que cheguei a esta conclusão, mas, sim, esta me foi imposta pelo conjunto de fatos que recolhi durante quase 40 anos, estudando a psicologia da criança. Faço questão de deixar claro que esta longa investigação foi conduzida sem nenhuma hipótese prévia sobre as relações entre gênese e estrutura. Durante muito tempo, nem mesmo refleti explicitamente sobre tal problema, focalizando-o apenas tardiamente, por ocasião de uma comunicação da Sociedade Francesa de Filosofia, por volta de 1949. Nesta, tive oportunidade de expor os resultados do cálculo da lógica simbólica sobre o grupo das quatro transformações aplicado às operações proposicionais, das quais falaremos neste momento. Depois desta exposição, Émile Bréhier, com sua profundidade habitual, interveio dizendo que sob esta forma aceitava, de bom grado, uma psicologia genética. Isto porque as gêneses, de que eu tinha falado, estavam sempre apoiadas sobre estruturas, donde, em consequência, a gênese seria subordinada à estrutura. A isso respondi que estava de acordo, mas com a condição de que a recíproca fosse verdadeira, já que toda estrutura apresenta uma gênese, segundo uma relação dialética, sem haver um primado absoluto de um dos termos sobre o outro.

II. TODA GÊNESE PARTE DE UMA ESTRUTURA E CHEGA A UMA ESTRUTURA

Apresento agora as minhas teses. Primeira tese: *toda gênese parte de uma estrutura e chega a uma outra estrutura*. Os estados *A* e *B*, portanto, de que falei há pouco nas definições, são sempre estruturas. Tomemos, como exemplo, este grupo de quatro transformações, pois fornece modelo significativo de estrutura no campo da inteligência, podendo sua formação ser acompanhada nas crianças entre 12 e 15 anos. Antes da idade de 12 anos, a criança ignora toda a lógica das proposições; conhece apenas algumas formas elementares da lógica das classes, com seu reverso, a forma de "inversão", e da lógica das relações, com seu reverso, a forma de "reciprocidade". Mas uma estrutura nova que reúne em um mesmo sistema as inversões e as reciprocidades, e cuja influência é muito importante em todos os campos da inteligência formal neste nível, se constitui a partir de 12 anos, alcançando sua etapa de equilíbrio no momento da adolescência, por volta de 14 ou 15 anos. É a estrutura de um grupo que apresenta quatro tipos de transformações, idêntica I, inversa N, recíproca R e correlativa C. Tomemos, como um exemplo simples, a implicação p implica q, cujo inverso é p e não q e a recíproca q implica p. Ora, sabe-se que da operação p *não* q, a recíproca dará *não p e q*, o que constitui o inverso de q implica p; por outro lado, esta é a correlativa de p implica q, a correlativa sendo definida pela permutação dos *ou* e dos *e* (das disjunções e das conjunções). Precisamos falar, então, de um grupo de transformações, onde a composição dois a dois de cada uma das transformações N, R ou C dá a terceira, e as três, ao mesmo tempo, nos levam à transformação idêntica I. Seja $NR = C$, $NC = R$, $CR = N$ e $NRC = I$.

Esta estrutura é de grande interesse na psicologia da inteligência, pois explica um fenômeno que, sem isto, permaneceria inexplicável. É a aparição, entre 12 e 15 anos, de uma série de esquemas operatórios novos, dos quais não se percebe, à primeira vista, a origem. Por outro lado, estes esquemas são contemporâneos, sem que se perceba, ao primeiro contato, uma ligação entre eles. Por exemplo: a noção de proporção em matemática, ensinada apenas por volta de 11-12 anos (se esta fosse de compreensão mais precoce, certamente seria colocada no programa mais cedo). Em segundo lugar, a possibilidade de raciocinar usando dois sistemas de referência ao mesmo tempo: o caso do caracol que avança sobre uma prancha que se desloca em outra direção, ou, ainda, a compreensão dos sistemas de equilíbrio físico (ação e reação etc.). Esta estrutura que tomo como exemplo não cai do céu, ela tem uma gênese. A exposição desta gênese é muito interessante. Reconhecem-se, nesta estrutura, duas formas de reversibilidade distintas, e ambas importantes: de um lado, a inversão, portanto a negação, e, de outro, a reciprocidade, que é algo diferente. Por exemplo, em um duplo sistema de referência, a operação inversa marcará o retorno ao ponto de partida sobre a prancha, enquanto a reciprocidade se traduzirá por uma compensação devida ao movimento da prancha em relação às referências exteriores a ela. Ora, esta reversibilidade por inversão e esta reversibilidade por reciprocidade são unidas em um único sistema total, embora para a criança de menos de 12 anos elas existam separadas. Uma criança de sete anos já é capaz de operações lógicas, mas de operações que chamarei concretas, pois versam sobre objetos e não sobre proposições. Estas operações concretas são operações de classes e de relações, que não esgotam toda a lógica de classes nem toda a lógica de relações. Analisando-as, vai-se descobrir que as operações de classe supõem a reversibilidade por inversão, $+ a - a = 0$, e que as operações de relação supõem a reversibilidade por reciprocidade. São dois sistemas paralelos, até aí sem relação entre si, mas que, com o grupo *INRC*, acabam por se fundir em um todo.

Esta estrutura, que aparece por volta de 12 anos, é, portanto, preparada por estruturas mais elementares, que não apresentam a mesma característica da estrutura total, mas sim características parciais que se sintetizarão, em seguida, em uma estrutura final. Estes agrupamentos de classes ou de relações, dos quais se pode analisar a utilização pela criança entre 7 e 12 anos, são preparados por estruturas ainda mais elementares não ainda lógicas, mas pré-lógicas, sob forma de intuições articuladas, de regulações representativas, que apresentam apenas uma semirreversibilidade. A gênese destas estruturas se manifesta no nível senso-motor, que é anterior à linguagem e onde já se encontra toda uma estruturação sob a forma de construção do espaço, de grupos de deslocamento, de objetos permanentes etc. (estruturação que se pode considerar como ponto de partida de toda a lógica ulterior). Em outras palavras, toda vez que se fala em uma estrutura na psicologia da inteligência, pode-se sempre reconstituir a gênese a partir de outras estruturas mais elementares, que não constituem começos absolutos, mas que derivam, por uma gênese anterior, de estruturas mais elementares, e assim por diante até o infinito.

Digo até o infinito, mas o psicólogo se deterá no nascimento, no nível senso-motor, sendo neste que se coloca, bem entendido, todo o problema biológico. Isto porque as estruturas nervosas têm, elas mesmas, suas gêneses e assim por diante.

III. TODA ESTRUTURA TEM UMA GÊNESE

Segunda tese: até agora disse que toda gênese parte de uma estrutura e chega a outra estrutura. Mas, reciprocamente, *toda estrutura tem uma gênese*. Vocês veem logo, depois do que expus aqui, que esta recíproca se impõe desde que se tenha feito a análise de tais estruturas. O resultado mais claro de nossas pesquisas na psicologia da inteligência é que mesmo as estruturas mais necessárias ao espírito do adulto, tais como as estruturas lógico-matemáticas, não são inatas na criança; elas se constroem pouco a pouco. Estruturas fundamentais, como, por exemplo, a da transitividade, a da inclusão (implicando que uma classe total possua mais elementos que a subclasse contida nela), a da comutatividade das adições elementares etc., todas estas verdades – para nós evidências absolutamente necessárias – se constroem pouco a pouco na criança. É, ainda, o caso das correspondências biunívocas e recíprocas, da conservação dos conjuntos, quando se transforma a disposição espacial dos elementos etc. Não existem estruturas inatas: toda estrutura supõe uma construção. Todas essas construções estão ligadas em cadeia a estruturas anteriores, fazendo-nos chegar, finalmente, como dizia há pouco, ao problema biológico.

Em suma, gênese e estrutura são indissociáveis. São indissociáveis temporalmente, isto é, estando-se em presença de uma estrutura como ponto de partida, e de uma estrutura mais complexa, como ponto de chegada, entre as duas se situa, necessariamente, um processo de construção, que é a gênese. Nunca existe, portanto, uma sem a outra; mas não se atingem as duas ao mesmo momento, pois a gênese é a passagem de um estado anterior para um ulterior. Como conceber, então, de maneira mais íntima, esta relação entre estrutura e gênese? Aqui, é que retomo a hipótese sobre o equilíbrio que coloquei ontem, imprudentemente, na discussão e que deu lugar a diversas reações. Espero, hoje, justificá-la um pouco melhor com esta exposição.

IV. O EQUILÍBRIO

Primeiramente, a que chamaríamos de equilíbrio no campo psicológico? É necessário, na psicologia, desconfiar de palavras tomadas por empréstimo a outras disciplinas mais precisas que ela – porque estas podem dar ilusão de precisão, se os conceitos não forem definidos com cuidado – para que não se diga demais ou não se digam coisas inverificáveis.

Para definir o equilíbrio, deter-me-ei em três características. Em primeiro lugar, o equilíbrio se caracteriza por sua estabilidade. Mas, observemos imediatamente que estabilidade não significa imobilidade. Como vocês bem o sabem, há em química e em física equilíbrios móveis caracterizados por transformações em sentido contrário, que se compensam de modo estável. A noção de mobilidade não é, portanto, contraditória com a de estabilidade: o equilíbrio pode ser móvel e estável. No campo da inteligência temos grande necessidade desta noção de equilíbrio móvel. Um sistema operatório será, por exemplo, um sistema de ações, uma série de operações essencialmente móveis, mas que podem ser estáveis, no sentido de que a estrutura as determina, uma vez constituída, não se modificará mais.

Segunda característica: todo sistema pode sofrer perturbações exteriores que tendem a modificá-lo. Diremos que há equilíbrio quando estas perturbações exteriores são compensadas pelas ações do sujeito orientadas no sentido da compensação. A ideia de compensação me parece fundamental e a mais geral para definir o equilíbrio psicológico.

Enfim, o terceiro ponto sobre o qual gostaria de insistir: o equilíbrio assim definido não é qualquer coisa de passivo, mas, ao contrário, alguma coisa de essencialmente ativo. É preciso, então, uma atividade tanto maior quanto maior for o equilíbrio. É muito difícil conservar um equilíbrio do ponto de vista mental. O equilíbrio moral de uma personalidade supõe uma força de caráter para resistir às perturbações, para conservar os valores aos quais se tem apego etc. Portanto, equilíbrio é sinônimo de atividade. No campo da inteligência acontece o mesmo. Uma estrutura estará em equilíbrio na medida em que o indivíduo é, suficientemente, ativo para poder opor a todas as perturbações compensações exteriores. Estas últimas acabarão, aliás, por serem antecipadas pelo pensamento. Graças ao jogo das operações, pode-se, ao mesmo tempo, antecipar as possíveis perturbações e compensá-las, através das operações inversas ou das operações recíprocas.

Assim definida, a noção de equilíbrio parece ter um papel especial que permite a síntese entre gênese e estrutura, e isto, precisamente, porque a noção de equilíbrio engloba as de compensação e de atividade. Se consideramos uma estrutura da inteligência, uma estrutura lógico-matemática qualquer (uma estrutura de lógica pura, de classe, de classificação, de relação etc., ou uma operação proposicional), encontramos, aí, em primeiro lugar, a atividade, já que se trata de operações, mas, sobretudo, encontramos esta característica fundamental das estruturas lógico-matemáticas, que é a de serem reversíveis. Uma transformação lógica, com efeito, pode sempre ser invertida por uma transformação em sentido contrário, ou então "revertida" por transformação recíproca. Ora, esta reversibilidade, vê-se imediatamente, está muito próxima do que chamei há pouco de compensação no campo do equilíbrio. Mas trata-se, no entanto, de duas realidades distintas. Quando nos referimos a uma análise psicológica, devemos sempre conciliar dois sistemas, o da consciência e o do comportamento ou da psicofisiologia. No plano da consciência, encontramos as implicações e no plano do comportamento ou psicofisiológico as séries causais. A reversibilidade das operações, das estruturas lógico-matemáticas constitui o típico das estruturas no plano da implicação, mas, para compreender como a gênese chega a estas estruturas, é necessário recorrer à linguagem causal. É então que aparece a noção de equilíbrio no sentido em que a defini, isto é, como sistema de compensações progressivas; quando estas compensações são alcançadas, ou melhor, logo que o equilíbrio é obtido, a estrutura está constituída em sua reversibilidade.

V. EXEMPLO DE ESTRUTURA LÓGICO-MATEMÁTICA

Para clarificar as coisas, tomemos um exemplo bem banal de estrutura lógico-matemática. Tomo-o emprestado a uma das experiências correntes que fazemos na psicologia da criança: a conservação da matéria de uma bolinha de argila submetida a um certo número de transformações. Apresentam-se à criança duas bolinhas de argila das mesmas dimensões, e em seguida se alonga uma delas em forma de salsicha. Pergunta-se, então, à criança se as duas apresentam ainda a mesma quantidade de argila. Sabemos por numerosas experiências que no início a criança contesta esta conservação da matéria: imagina que há mais na salsicha porque é mais longa, ou que há menos, por que é mais fina. É preciso esperar os 7 ou 8 anos, em média, para que ela admita que a quantidade de matéria não mudou, um tempo um pouco mais longo para chegar à conservação do peso, e finalmente os 11-12 anos para a conservação do volume.

Ora, a conservação da matéria é uma estrutura, ou ao menos índice de uma estrutura, que repousa sobre todo um agrupamento operatório mais complexo, cuja reversibilidade se traduz por esta conservação – é a expressão das compensações em jogo nas operações. De onde vem esta estrutura? As teorias correntes do desenvolvimento, da gênese, na psicologia da inteligência, invocam três fatores, seja um a um, seja simultaneamente. O primeiro é a maturação – portanto, um fator interno, estrutural, mas hereditário –, o segundo, a influência do meio físico, da experiência ou do exercício e o terceiro, a transmissão social.

Vejamos a importância destes três fatores no caso de nossa bolinha de massa para modelar. Primeiramente, a maturação. É certo que esta desempenha um papel, mas este está longe de ser suficiente para resolver o nosso problema. A prova é que esta adesão à conservação não se faz nas mesmas idades, nos diferentes meios. Uma de minhas estudantes, de origem iraniana, dedicou sua tese a diversas experiências feitas no Teerã e nas aldeias mais afastadas de seu país. No Teerã, encontra mais ou menos as mesmas idades que em Genebra ou em Paris; nas aldeias afastadas, constata um atraso considerável. Em consequência, a maturação não é o único fator em jogo, é necessária a intervenção do meio social, do exercício, da experiência. Segundo fator: a experiência física. Esta certamente desempenha um papel. Através da manipulação de objetos, chega-se, sem dúvida, à noção de conservação. Mas no campo específico da conservação da matéria vejo duas dificuldades. Primeiramente, esta matéria que se deve conservar para a criança antes do peso e do volume é uma realidade que não se pode nem perceber nem medir. O que é uma quantidade de matéria cujo peso e volume variam? Não é nada acessível aos sentidos, é a substância. É bem interessante observar que a criança começa pela substância, como os pré-socráticos, antes de chegar às conservações verificáveis através das medidas. Com efeito, esta conservação da substância é a de uma forma vazia. Nada a sustêm do ponto de vista da medida ou da percepção. Não vejo como a experiência teria imposto a ideia da conservação da substância antes da ideia da conservação de peso e de volume. Ela, portanto, é exigida por uma estruturação lógica, muito mais do que pela experiência e, em todo caso, não será devida somente a esta última.

Por outro lado, fizemos experiências de aprendizagem pelo método da leitura dos resultados. Elas podem acelerar o processo, mas são incapazes de introduzir do exterior uma estrutura lógica nova.

Terceiro fator: a transmissão social. Esta também desempenha papel fundamental, mas, se constitui condição necessária, não é, entretanto, suficiente. Observemos, primeiramente, que a conservação não se ensina. Os pedagogos, em geral, nem imaginam que ela deva ser ensinada às crianças pequenas. Em consequência, quando se transmite um conhecimento à criança, a experiência mostra que ele fica inútil, ou, então, se compreendido, é reestruturado. Ora, esta reestruturação exige uma lógica interna.

Diria então que cada um desses três fatores desempenha um papel, mas que nenhum é suficiente.

VI. ESTUDO DE UM CASO PARTICULAR

Introduzo aqui o equilíbrio ou equilibração. Para dar conteúdo mais concreto ao que até agora só foi uma palavra abstrata, focalizarei um modelo mais preciso. Este só pode ser, no caso particular, um modelo probabilístico que mostrará como o sujeito, progressivamente, passa de um estado de equilíbrio instável para um cada vez mais estável, até a compensação completa que caracterizará o equilíbrio. Utilizar-me-ei – porque pode ser sugestivo – da linguagem da teoria dos jogos. Podem-se distinguir no desenvolvimento da inteligência quatro fases que podem ser chamadas, nesta linguagem, de fases de "estratégia". A primeira é a mais provável no início; a segunda se torna a mais provável em função dos resultados da primeira, mas não o é desde o início; a terceira se torna a mais provável em função da segunda, mas não anteriormente; e assim por diante. Trata-se, portanto, de uma probabilidade sequencial. Estudando as reações de crianças de idades diferentes, pode-se observar que, em uma primeira fase, a criança utiliza apenas uma dimensão. Ela dirá a você: "Há mais massa aqui que lá, porque é maior, é mais comprido. "Se você alonga mais, ele dirá: "Existe mais ainda, porque está mais longo." Quando o pedaço de massa é alongado, naturalmente se adelgaça, mas a criança ainda assim só considera uma dimensão, negligenciando totalmente a outra. É verdade que certas crianças se referem à espessura, mas são pouco numerosas. Dirão: "Há menos, porque é mais fino; há menos, ainda, porque está ainda mais fino", mas esquecerão o comprimento. Nos dois casos, a conservação é ignorada, e a criança retém apenas uma dimensão, uma ou outra, mas não as duas ao mesmo tempo. Acho que esta primeira fase é a mais provável no início. Por quê? Quantificando, eu diria, por exemplo (arbitrariamente), que o comprimento dá uma probabilidade 0,7, isto é, suponho que haja sete casos sobre dez que invoquem o comprimento, e para a espessura daria três casos, portanto uma probabilidade de 0,3. Mas do momento em que a criança raciocina sobre um dos casos e não sobre o outro e que os julga, portanto, independentes, a probabilidade dos dois, ao mesmo tempo, será de 0,21, ou, em todo caso, intermediário entre 0,21 e 0,3 ou 0,21 e 0,7. Dois ao mesmo tempo é mais difícil que um só. A reação mais provável no início é, portanto, a centralização em uma só dimensão.

Examinemos agora a segunda fase. A criança vai inverter seu julgamento. Seja a criança que raciocina sobre o comprimento. Ela dirá: "É sempre mais, porque é mais longo." Torna-se provável – não digo no início, mas em função desta primeira fase – que em dado momento adotará atitude inversa, e isto por duas razões. Primeiro, devido a um contraste perceptivo. Se você continua a alongar a bolinha até fazer uma forma de macarrão, ela acabará por dizer: "Ah! Não, agora há menos, porque está muito fino..." Torna-se, portanto, sensível a este adelgaçamento que havia negligenciado até então. Ela o tinha percebido, bem entendido, mas o negligenciava conceitualmente. O segundo motivo é uma insatisfação subjetiva. De tanto repetir todo o tempo "Há mais porque é mais longo...", a criança começa a duvidar de si própria. É como o sábio que começa a duvidar de uma teoria, quando ela se aplica, muito facilmente, a todos os casos. A criança terá mais dúvida na décima afirmação que na primeira ou na segunda. E por estas duas razões, é bem provável que em dado momento renuncie a focalizar o comprimento e vá raciocinar sobre a espessura. Mas, neste nível do processo, raciocinará sobre a espessura como raciocinou sobre o comprimento. Esquece o comprimento e continua a só considerar uma única dimensão. Esta segunda fase, fique claro, é mais curta que a primeira, durando, às vezes, alguns minutos, mas só em casos bastante raros.

Terceira fase: a criança vai raciocinar sobre as duas dimensões ao mesmo tempo. Mas, primeiro, vai oscilar entre as duas; pois se até aqui invocou ora o comprimento, ora a espessura, sempre que lhe era apresentado um novo estímulo e que se transformava a forma de bolinha, vai escolher ora a espessura, ora o comprimento. Ela lhe dirá: "Eu não sei, é mais, porque é mais longo... não; é mais fino, então tem um pouco menos..." Isto a levará – e se trata ainda aqui de uma probabilidade não *a priori*, mas sequencial, em função desta situação específica – a descobrir a solidariedade entre as duas transformações. Descobre que, à medida que a bolinha se alonga, ela se adelgaça, e que toda transformação de comprimento implica uma transformação de espessura, e reciprocamente. Daí por diante, a criança começa a raciocinar sobre transformações, pois até agora só havia raciocinado sobre configurações – primeiro a da bolinha, depois a da salsicha –, independentemente uma da outra. Mas, desde que raciocina sobre o comprimento e a espessura ao mesmo tempo, portanto sobre a solidariedade das duas variáveis, vai raciocinar em termos de transformação. Descobrirá, em consequência, que as duas variações estão em sentido inverso uma da outra, que à medida que "isto" se alonga, "isto" se adelgaça, e que à medida que "isto" engrossa, "isto" encurta. Quer dizer que ela vai tomar o caminho da compensação. Quando tiver tomado este caminho, a estrutura vai-se cristalizar, pois é a mesma massa que acaba de se transformar sem nada lhe ter sido acrescentado ou retirado e que se transforma em duas dimensões, em sentido inverso uma da outra. Então, tudo que a bolinha vai ganhar em comprimento perderá em espessura e reciprocamente. A criança se acha agora diante de um sistema reversível, ingressando, assim, na quarta fase. Ora, trata-se de uma equilibração progressiva – e insisto neste ponto –, de uma equilibração que não é preformada. O segundo ou terceiro estágio só se torna mais provável em função do estágio imediatamente precedente, e não em função daquele inicial. Estamos, portanto, em presença de um processo de probabilidade sequencial que finalmente chega a uma necessidade. Mas isto somente quando a criança adquire a compreensão da compensação, e quando o equilíbrio se traduz diretamente por este sistema de implicação que chamei, há pouco, de reversibilidade. Neste nível de equilíbrio, ela atinge uma estabilidade, pois não há mais nenhuma razão para negar a conservação; mas esta estrutura vai-se integrar, cedo ou tarde, nos sistemas ulteriores mais complexos.

É desta maneira, parece-me, que uma estrutura extratemporal pode originar-se de um processo temporal. Na gênese temporal, as etapas só obedecem a probabilidades crescentes. Estas são determinadas por ordem de sucessão temporal, mas a estrutura, uma vez equilibrada e cristalizada, se impõe como necessidade ao espírito do sujeito. Esta necessidade é o sinal da complementação final da estrutura, que se torna, então, intemporal. É de propósito que aqui uso termos que podem parecer contraditórios – eu diria que chegamos a uma espécie de necessidade *a priori*, mas a um *a priori* que só se constitui no final e não no ponto de partida, a título de resultante e não a título de origem, e que, portanto, da ideia apriorista, só retém a da necessidade, não a da preformação.

REFERÊNCIAS

1 – O desenvolvimento mental da criança, estudo publicado em **Juventus Helvetica**. Zurich, 1940.
2 – O pensamento da criança, conferência pronunciada no *Institute of Education*, Universidade de Londres, 1963.
3 – A linguagem e o pensamento do ponto de vista genético. Artigo publicado em **Acta Psychologica**. Amsterdam, 1954. v. 1º.
4 – O papel da noção de equilíbrio na explicação em psicologia. Artigo publicado em **Acta Psychologica**. Amsterdam, 1959. v. 15.
5 – Problemas de psicologia genética. Estudo publicado em **Voprossi Psykhologuii**. Moscou, 1956.
6 – Gênese e estrutura em psicologia da inteligência, conferência pronunciada em Cerisy e publicada na coleção **Congrès et Colloques**, v. 8º, sob os auspícios da Escola Prática de Altos Estudos, sob o título: Colóquios sobre a noção de "gênese" e "estrutura". La Haye-Paris: Mounton & Cie., 1964.

BIBLIOGRAFIA

Apprentissage et connaissance (com P. Gréco). Presses Universitaires de France, 1959.
Classes, relations et nombres. Vrin, 1942.
De la logique de l'enfant à la logique de l'adolescent (com B. Inhelder). Presses Universitaires de France, 1955.
Épistémologie génétique et recherche psychologique (com E. W. Beth et W. Mays). Presses Universitaires de France, 1957.
Épistémologie mathématique et psychologie (com E. W. Beth). Presses Universitaires de France, 1961.
Essai sur les transformations des opérations logiques. Presses Universitaires de France, 1952.
Initiation au calcul (com B. Boscher, A. Châtelet, M. Dufresse et A. Ferré). Bourrelier, 1950.
Introduction à l'épistémologie génétique. Presses Universitaires de France, 1950. 3 v.
La causalité physique chez l'enfant. Presses Universitaires de France, 1950.
La construction du réel chez l'enfant. Delachaux & Niestlé, 1937.
La formation du symbole chez l'enfant. Delachaux & Niestlé, 1945.
La genèse de l'idée de hasard chez l'enfant (com B. Inhelder). Presses Universitaires de France, 1951.
La genèse du nombre chez l'enfant (com A. Szeminska). Delachaux & Niestlé, 1941; nouvelle éd., 1950.

La géométrie spontanée de l'enfant (com B. Inhelder et A. Szeminska). Presses Universitaires de France, 1948.
La lecture de l'expérience (com A. Jonckheere et B. Mandelbrot). Presses Universitaires de France, 1958.
La naissance de l'intelligence chez l'enfant. Delachaux & Niestlé, 1948.
La psychologie de l'intelligence. A. Colin, 1947; nouvelle éd., 1952.
La représentation de l'espace chez l'enfant (com B. Inhelder). Presses Universitaires de France, 1948.
La représentation du monde chez l'enfant. Presses Universitaires de France, 1947.
Le développement de la notion de temps chez l'enfant. Presses Universitaires de France, 1946.
Le développement des quantités chez l'enfant. Conservation et atomisme (com B. Inhelder). Delachaux & Niestlé, 1941.
Le jugement et le raisonnement chez l'enfant. Delachaux & Niestlé, 1947.
Le jugement moral chez l'enfant. Presses Universitaires de France, 1957.
Le langage et la pensée chez l'enfant. Delachaux & Niestlé, 1930; nouvelle éd., 1948.
Le mécanisme du développement et les lois du groupement des opérations. Delachaux & Niestlé, 1941.
Les liaisons analytiques et synthétiques dans le comportement du sujet (com L. Apostel, W. Mays et A. Morf). Presses Universitaires de France, 1957.
Les mécanismes perceptifs. Presses Universitaires de France, 1961.
Les notions de mouvement et de vitesse chez l'enfant. Presses Universitaires de France, 1950.
Logique et équilibre (com L. Apostel et B. Mandelbrot). Presses Universitaires de France, 1957.
Logique et perception (com J. S. Brunner, F. Besson et A. Morf). Presses Universitaires de France, 1958.
Recherches. Lausanne: Éditions de la Concorde, 1918.
Théorie du comportement et opérations (com D. E. Berlyne). Presses Universitaires de France, 1960.

Traité de logique. A. Colin, 1949.
Traité de psychologie expérimentale, publicado sob a direção de Paul Fraisse e Jean Piaget. Presses Universitaires de France, 1963. 4 v. já editados.